开明新编国文读本

【甲种本·上】

叶圣陶 郭绍虞 周予同 覃必陶 编

武汉出版社

（鄂）新登字08号

图书在版编目(CIP)数据

开明新编国文读本甲种本. 上 / 叶圣陶等编. —武汉：武汉出版社，2011.9（2018.11重印）
ISBN 978-7-5430-5866-8

Ⅰ.①开… Ⅱ.①叶… Ⅲ.①中学语文课—教材
Ⅳ.①G634.301

中国版本图书馆CIP数据核字（2011）第092868号

开明新编国文读本甲种本. 上

编　者：叶圣陶　等
本书策划：李昇鸣
特约编辑：杨　肖
责任编辑：王圆圆　时新华
封面设计：象上品牌设计
出　　版：武汉出版社
社　　址：武汉市江岸区兴业路136号　　邮编：430014
电　　话：(027)85606403　85600625
http://www.whcbs.com　　E-mail:zbs@whcbs.com
印　　刷：天津文林印务有限公司　　经销：新华书店
开　本：787mm×1092mm　　1/16
印　张：12　　　　　　　字　数：150千字
版　次：2011年9月第1版　2018年11月第2次印刷
定　价：45.00元

版权所有·侵权必究
如有质量问题，由承印厂负责调换。

序

我们编这部读本，预备给自修国文的同学应用。如果教师们认为可采，取作学生的补充读物，或者迳作讲读的材料，也可以。

白话文言混合教学的办法，是十一年编订新学制课程标准的时候开的头。到如今二十多年了，没有改变。有些人关心这件事情，以为混合教学虽有比较与过渡的好处，也有混淆视听与两俱难精的毛病。二十年来国文教学没有好成绩，混合教学也许是原因之一。他们主张分开来教学，读物要分开来编。我们觉得这个话有道理，这部读本就分开来编，甲种六册专选白话，乙种三册专选文言。到底比混合编的本子好还是不好，当然要待试用了相当时期之后才可以知道。

我们编这部读本，第一，希望切合读者的生活与程度。就积极方面说，足以表现现代精神的，与现代青年生活有关涉的，为现代青年所能了解，所能接受的，那些文篇才入选。第二，希望读者读了这部读本，自己去读成本的书，所以一部分的材料是从成本的书中节录出来的。自修国文不能单靠一种读本，要多看成本的书才容易见功效。第三，既称读本，文字形式上应该相当的完整，所选文篇如有疏漏之处，我们都加上修润的工夫。这是要请各位作者原谅的，为着读者的利益起见，想来一定能蒙各位作者原谅。

在每篇文字之后，我们写了短短的几句，或是指点，或是发问，意在请读者读过以后，再用些思索的工夫。可以思索的当然不止这些个，我们写的不过举例而已。

三十五年七月，编者

目录

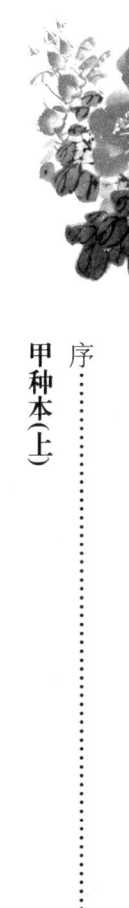

甲种本(上)

序 1

第一册

繁星／巴金 2
火烧云／萧红 3
佛兰克林做徒弟的时候／陶行知 5
少年时代的朱元璋／吴晗 7
平民夜校开学演说／蔡元培 11
习惯成自然／叶圣陶 13
邮差先生／芦焚 15
威尼斯的小艇／马克·吐温 著 刘正训 译 17
两首诗 19
科学的头脑／任鸿隽 21
人民的世纪／《开明少年》 23
济南的冬天／老舍 25
交湖风景／朱自清 27
乞丐／屠格涅夫 著 李岳南 译 30

目录

「拉拉车」／茅盾	85
垣曲风光／卞之琳	88
春联儿／叶圣陶	91
输血者的故事／D.Ferguson 著　学人 译	95
诗两首	99
高尔基／魏信	101
高尔基（续）／魏信	105

第三册

织女星和牵牛星／叶至善	112
冥王星的发现／《科学生活》	116
从昆明到重庆／冰心	119
飞／朱自清	121
白杨礼赞／茅盾	124
杜鹃／郭沫若	126
我们的骄傲／叶圣陶	128
旧家的火葬／夏衍	133
苦恼／契诃夫 著　胡适 译	137
猫的天堂／左拉 著　刘复 译	143
「好儿子——」／瓦希列夫斯卡 著　曹靖华 译	149

目录

聪明人和傻子和奴才/鲁迅 ……………………………… 31
离枝之前/萨尔丹 著 胡仲持 译 ……………………… 33
背影/朱自清 …………………………………………… 36
撤退/格洛斯曼 著 茅盾 译 …………………………… 39
撤退(续)/格洛斯曼 著 茅盾 译 ……………………… 43

第二册

野草/夏衍 ……………………………………………… 48
玻璃棺材/柏吉尔 著 顾均正 译 ……………………… 50
泗水/萨洛扬 著 吕叔湘 译 …………………………… 54
风筝/鲁迅 ……………………………………………… 58
伦敦的动物园/柏寒 …………………………………… 61
人日谈劳动/朱自清 …………………………………… 64
怀疑与学问/顾颉刚 …………………………………… 66
子产执政/张荫麟 ……………………………………… 68
太行山的西麓/丁文江 ………………………………… 70
中国水灾的原因和预防/贝克 讲 荫良 译 …………… 73
海滨琐记/曹揆百 ……………………………………… 76
车窗外/寒先艾 ………………………………………… 79
辰州途中/沈从文 ……………………………………… 82

目录

- 买旧书／施蛰存 …… 153
- 冬晚／靳以 …… 155
- 野店／李广田 …… 158
- 开放给大众的克里米亚／邹韬奋 …… 161
- 联合国／柏园 …… 164
- 思想解放／梁启超 …… 167
- 四个『有所』／朱逊 …… 170
- 好望号／海哲曼斯 著 袁俊 译 …… 173
- 好望号（续）／海哲曼斯 著 袁俊 译 …… 179

甲种本
[上]
第一册

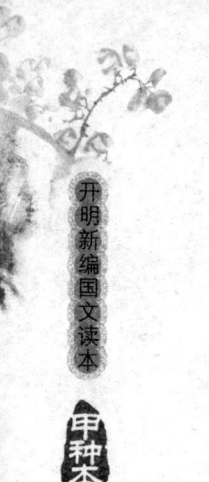

繁 星/巴金

我爱月夜，但我也爱星天。从前在家乡，夏天晚上在庭院中纳凉时，我最爱看天空中的繁星。看着那星天，我就会忘掉一切，仿佛回到了母亲的怀里。

在南京时，我住的地方有一道后门，每晚上一打开后门，我便起一种特别的感觉。夜景静寂，下面是一片菜园，上面是星群密布的蓝天。星的光亮在我们的肉眼里虽然微弱，然而它使我们觉得它的光明无处不在。那时候，我正在读一点关于天文学的书，认得了一些星，见了它们，好像遇见了许多朋友。

如今在海上，每晚和繁星相对。我把它们认得更熟了。我躺在舱面上仰望着，深蓝色的天空里悬着无数半明半灭的星。船在动，星也在动，它们那样地低，真是摇摇欲坠呢。渐渐地我的眼睛模糊了，我好像看见无数的萤虫在我周围飞舞。海上的夜景是柔和的，静寂的，梦幻似的。我望着那许多认识的星，我仿佛看见它们在眨眼，我仿佛听见它们在低声说话。这时候，我真忘了一切。在星的怀抱中我微笑着，我沉睡着，我觉得自己是一个小孩子，现在睡在母亲的怀里了。

（一）说的看星，分三个时期三个地点。前面两回是回忆，从现在这回引起。

（二）说"好像看见""仿佛看见""仿佛听见"有什么作用？

火烧云 / 萧 红

晚饭过后,火烧云就上来了。照得小孩子的脸红红的。把大白狗变成红色的狗了。红公鸡就变成金的了。黑母鸡变成紫檀色的了。喂猪的老头子往墙根上靠,他笑盈盈的看着他的两头小白猪变成了小金猪了,他刚想说:

"你们也变了……"

他的旁边走来了个乘凉的人,那人说:

"你老人家必要高寿,你老是金胡子了。"

天空的云从西边一直烧到东边,红彤彤的,好像是天空着了火。

这地方的火烧云变化极多,一会儿红彤彤的了,一会儿金灿灿的了,一会儿半紫半黄,一会儿半灰半百合色。葡萄灰,梨黄,茄子紫,这些颜色天空都有。还有些说也说不出来,见也未曾见过的颜色。

五秒钟之内,天空里有一匹马,马头向南,马尾向西。那马是跪着的,像是在等着有人骑到它背上,它才站起来。才过一秒钟,没有什么变化。再过两三秒钟,那匹马大起来了,马腿伸开了,马脖子也长了,一条马尾巴却不见了。

看的人正在找寻马尾巴,那马就变没了。

忽然又来了一条大狗。那条狗十分凶猛,它在前边跑着,它的后边似乎还跟着好几条小狗。跑着跑着,小狗不知跑到哪里去了,大狗也不见了。

又找到了一头大狮子,跟庙门前的大石头狮子一模一样,也是那么大,也是那样的蹲着,很威武很镇静地蹲着,它表示着漠视一切的样子,似乎什么也不睬。看着看着,一会儿又看到了别的一个什么。这时候可就麻烦了,人的眼睛不能同时看东又看西。这样子会活活的把那大狮子糟蹋了。一转眼,一低头,天空的东西就变了。若是再找,哪怕看瞎了眼睛也找不到了。

大狮子既然找不到,另外的什么——比方就是一只猴子吧,猴子也没有了。

一时恍恍惚惚的,满天空里又像这个,又像那个,其实是什么也不像,什么也没有了。

必须低下头来,把眼睛揉一揉,或者沉静一会儿再看。

可是天空偏偏不等待那些爱好它的孩子。一会儿工夫,火烧云下去了。

于是孩子们倦了,回屋去睡觉了。也有没来得及进屋的,靠在姐姐的腿上,或者依在祖母的怀里,就睡着了。

祖母手里拿着白马鬃蝇甩子,就用蝇甩子给孩子赶蚊虫。

祖母不知道孩子睡着了,还以为他在那里玩着呢。

"下去玩一会儿去吧,把奶奶的腿压麻了。"

用手一推,那孩子已经睡得摇摇晃晃的了。

这时候,火烧云完全下去了。

于是家家户户都进屋去睡觉,关起窗门来。

(一)篇中叙述云的变化极活泼。变化快,看的人应接不暇,都连带着叙了出来。

(二)喂猪的老头子刚想对猪说"你们也变了……"走来的人却对老头子说"你老是金胡子了",所有一切东西全照在云光中的情景,如在目前。

佛兰克林做徒弟的时候 /陶行知

佛兰克林生于公元一七〇六年,死于一七九〇年,活了八十四岁。他死了之后,墓碑上刻有几行字:"他从皇帝的手里夺了政权来,从天上夺了电气来。"

这很短的墓志铭差不多是佛兰克林一生功业学问的缩影。他是一位政治家,文学家,科学家,你如果读一读他的自传,便要惊讶这位伟人原是一个小徒弟出身。他参加美国独立运动的功绩,谁都知道,不必我来多说。我只要叙述他做徒弟时代的小史。

他八岁进拉丁小学,九岁考入算写学校,十岁便因家计困难停学,跟着他父亲学做蜡烛和肥皂。他不喜欢做这种手艺,却喜欢游泳、划船,常想航海去。父亲知道他有这样的倾向,很是担忧,便时常带他在街上参观木匠、砖匠、铜匠、轳辘匠及其他匠人的工作,以便将来可以选择一行,作为他终身的职业。佛兰克林在自传里说,这种亲切详细的参观,对于他很有影响。后来,家里东西破了,用不着匠人,他自己会修理;科学实验要用仪器,他自己也可以制造:这些本领都是靠了参观手艺得来的。

他虽在蜡烛店里做徒弟,但是好看书。两年后,他父亲便因此叫他去学印刷业。一七一七年,他的哥哥詹姆士从英国带了印刷机和字模,到波士顿来设立印刷所;他得到父亲的同意,和詹姆士立约做九年徒弟。这时他只十二岁,要到二十一岁才满约。他自从在印刷所里做了徒

弟，认识了好些书铺里的徒弟，全城的书铺便成了他的流动图书馆。他每逢借了书来，当夜就要看完，因为照规矩次日早上是必须还人家的。这样，他虽是个徒弟，同时也是个学生；他自己看的书，比平常学校里的学生所看的，还要多好几倍呢。

他得到赛诺芬写的《苏格拉底言行录》，极佩服苏格拉底的对话法。他开始用谦虚的问话，怀疑的态度，把人家逼得无话可说；有时连素负盛望的名人都被他问倒。他在少年的伙伴中居然成了一位苏格拉底。

一七二一年，他的哥哥开办《新英吉利报》。这时佛兰克林已经会做文章，但怕哥哥轻视他年幼，不给登载，便用假名投稿。每次都被披露，听人称赞几句，非常欢喜。后来，他哥哥因登载政论得罪议会当局，被捕监禁一个月，靠佛兰克林的支持，《新英吉利报》才得以不致停顿。詹姆士被开释后，仍不准办报，便由弟弟顶替。那时候，佛兰克林只是一个十七岁的徒弟还未做满的孩子，居然做起报馆的总经理和主笔来了。

（一）多观察，多看书，是自学的两个重要法宝。佛兰克林从小能干，就在于多观察，多看书。

（二）两句墓志铭的上一句什么意思？下一句说的佛兰克林发现了空中有电气。

少年时代的朱元璋 /吴 晗

元至正四年(1344)春季,淮北一带,好几个月没有下过雨。栽下的苗晒得干瘪枯黄,遍地都裂成了一条条的龟缝。挨到快收割的时候,穗上稀稀的几颗粟粒,又给弥天漫地的蝗虫吃得一干二净。村子里有年纪的人都说,几十年来没有见过这样的年成,这日子着实是过不得了。不料祸不单行,村子里的人接二连三的病倒,起身时只觉得浑身无力气,上吐下泻,不到一昼夜便断了气。开头大家还不觉得,到了村东头刘家一天病死五个大人,隔壁的一家三口都同时病倒同时断气的时候,才知道这是可怕的瘟疫。慌得满村人携儿带女,逃往亲戚家躲避,连家里的病人也顾不得了。不过几天的工夫,这上百人家的村子便闹得人烟寥落,鸡犬声稀,显出一片凄凉的景象。

小河边的朱家——朱世珍夫妻和他们的长子朱兴隆便在这次瘟疫里相继死亡,次子兴盛和他的小兄弟朱元璋(原名兴宗)眼看一家人在短短几天内便死了三口,只急的相对痛哭。尤其伤心的是:家里没有一贯钞,买不得棺木,更买不得茔地。正没计较处,幸亏隔壁住的刘继祖是个财主,有慈心,听得朱家连遭三丧,没法安葬,慨然舍了一块地,两兄弟称谢了,将就把几件破衣裳包扎埋了,才算了却一桩大事。

元璋饿了几日,到处找活计作。谁知大户人家都已逃荒逃瘟去了,到处碰壁,懒洋洋地不愿回家,一迳到村外给他父母上坟。他蹲在父母坟边,又伤心又着急,沉思日后的出路。

他长得躯干魁伟，黑黑的脸，下巴比嘴唇长出一寸多，高高的颧骨，却又大鼻子，大耳朵；就整个脸盘看，恰像一个横摆的山字，脑盖上一块奇骨隆起，像一个小山丘。粗眉毛，大眼睛，样子虽看着叫人不喜欢，却怪得匀称，怪得威严而沉着。

他今年十七岁了，六七年前才移住到这村子——濠州钟离太平乡。他父亲老实本分，辛苦了一辈子，才挣得三两亩薄田，两间破房子，好容易盼得儿女都长大了，老大老二都娶了媳妇，老三兴祖出赘给刘家；老大生了两个孩子，老二也生了一个男孩，大女儿嫁给王七一，小女儿嫁给盱眙李贞，只剩下小儿子没成家。要是时和世顺，一家子勤勤恳恳，佃几十亩田，男耕女织，靠着人力多，省吃俭用，倒也过得日子。偏又时运不济，二、三两房媳妇都先后病死，大孙子和二房的孩子也夭折了，王家满门死绝，嫁给李家的小女儿也死了，李贞带着他的儿子保儿逃荒，不知去向。这时又是一家三口同时疫死，偌大一个人家，只存下大嫂王氏和二侄文正、二哥和元璋自己了。本来粮食就不够半年，平时一家子都靠力气血汗换饭吃，今年又旱又蝗，这一闹眼看得打饥荒。估计大嫂还有娘家，借得三斗两斗的，加上侄儿捡来的树皮草根，还可以对付三两个月；二哥呢，这几天脸色也不大对劲。自己食量又大，粗重活计虽干得，却苦于这荒年，连大户人家也都逃荒去了，空有力气没处卖。小时候虽曾跟蒙馆老师上过几个月学，认得几个字，又苦不甚通解，做不得文墨勾当。父亲在本地落籍，本是图着这地方地多人手少，只要不躲懒，靠天吃饭，总活得了。没想到却受了一辈子田主的气，三节送礼，陪着笑脸，还是掂斤播两的嫌麦子太潮，不够秤。那一些管事的更是刁难刻薄，饶是肥鸡大肉请他们，还拍桌拍凳，脸上剥不出一丝笑容。这年头能少交一点租就算恩德了，还敢向他们开口借粮！本家呢，伯父这一房在泗州盱眙县，是祖父手上起的家，伯父底下有四房，听说近年也衰落了，几个哥哥侄儿都先后去世，只剩一个四嫂在守寡，

8

看光景也投奔不得。

再往上，祖籍是句容，朱家巷还有许多族人。祖父在元朝初年是淘金户，本地不出金子，官府却按年按额定的数目要，只好到旁县买金子缴纳，后来实在赔纳不起，没奈何，只好合家迁居到泗州盱眙县。那边几代没来往，情况不明。再老的老家原是沛县，如今隔了几百年，越发不用说了。

舅家呢，外祖陈公那一嘴的大白胡子，惯常仰着头，那叩齿念咒的神气还依稀记得。外祖死的那年已经九十九岁了，差一年便算人瑞，可以报官领赏银，据说还有花红，县太爷还要和他作揖呢。母亲曾翻来覆去地说外祖的故事，这话已有五六十年了：那时外祖在宋朝大将张世杰部下当亲兵，鞑子兵进来，宋朝的地方全被占了，张世杰忠心耿耿，和陆丞相保着小皇帝逃到崖山。那年是己卯年，二月间张世杰集合了一千多条大船，和鞑子兵决战。不料崖山海口失守，樵汲路绝，无柴无水，大家只好吃干粮，喝海水，全军人都呕泻病困。鞑子兵乘机进攻，宋兵船大，又都联在一起，不便转动，三军绝望死战，一霎时中军也被冲破了。陆丞相眼见事急，义不辱国，仗剑叫妻子儿女都投海殉了国，自己也背着六岁的小皇帝跳下了海。张世杰带了十几条船，冲出重围，打算重立宋后，恢复国土，忠义之气实在可佩。不幸船刚到平章山洋面上，一阵飓风，把十几条船都吹翻，张世杰也淹死了，宋朝也就真个亡了国！外祖也掉在海里，侥幸被人救起。回家后不愿替敌人当兵，迁居到盱眙津里镇。他原来会巫术，就靠着当巫师过日子。到晚年他常含着泪说这故事，惹得听的人也听一遍哭一遍。外祖只生了两个女儿，大的嫁给季家，小的就是母亲。外祖过继了季家的大表兄作孙子。外祖死后，这几年也没有和季家来往，料想这年头情形也不见得比自己强。元璋想来想去，竟是无处投奔，左右无路可走。就越想越闷，无精打采地走回家来，蒙头便睡。

吃了一些日子树皮草根，半饥半饱，百无聊赖，常时在一起的几个朋友周德兴、汤和年纪都比元璋大，有气力，有见识，又都出外谋生去了，无人可商量。从四月到九月，半个年头，还计较不出一条活路。

一天，他猛然想起，小时候因为多病，父亲和皇觉寺高彬法师认得，曾把自己舍给寺里做徒弟，还上了一笔捐，起过法名，后来病好了，也就不提此事。如今何不竟到寺里出家？一来可以算还了父亲许的愿，二来总有碗饭吃，愈想愈有理，这晚上竟睡得很熟。

九月里的一天，朱元璋作了皇觉寺里的小和尚，光葫芦头，披了一件破衲衣，居然算是佛门弟子了。他早晚听得钟声、鼓声、木鱼声，想想自己，想想家，心中无限感慨。

（一）这里只叙了朱元璋十七岁那一年因为没法生活，投入皇觉寺做小和尚的事情。顺便叙他的家世，原籍哪里，何时迁移，父亲干什么，外祖干什么，都交代明白。

（二）这里叙的是六百年前农家的情形，试与现在相比，看现在的农家生活怎么样。

平民夜校开学演说 / 蔡元培

今天是北京大学学生会平民夜校开学的日子，也是北京大学准许平民进来的第一日。从前这个地方，是不许旁人进来的，现在人人都可以进来，从前马神庙北京大学挂着一块"学堂重地，闲人莫入"的牌子，以为全国最高的学府，只有大学学生同教员才可以进去，旁人都是不能进去的。——现在这块牌子已经除去了。

北京大学第一步的改变是校役夜班的开办。从前京师大学堂里面的听差，不过赚几个钱，喊几声大人老爷罢了；自从校役夜班开办以后，他们晚上不当差的时候，就可以随便的求点学问；于是大学里无论什么人，都有了受教育的权利了。不过单是大学里的人有受教育的权利还不够，还要全国人都享受这种权利才好，所以现在从一部分做起，开办这个平民夜校。"平民"的意思，是说"人人都是平等的"。从前只有大学生可受大学的教育，旁人都不能够，这便算不得平等。现在大学生分其权利，开办这个平民夜校，于是平民也能到大学来受教育了。大学生为什么要办这个平民夜校呢？因为他们自己已经有了学问，看见旁的兄弟姊妹没有学问，心中很难过，好像自己吃饱了，看见许多的兄弟姊妹都还饿着，心中很难过一样。一个人不但愁着肚子饿，而且怕脑子饿。大学生看见你们许多弟弟妹妹的肚子饿，固然难过，看见你们的脑子饿，也是很难过的。因为人没有学问不认识字，是一件很苦的事情。不识字的人，写封信也要请求别人，要是自己会写，多么便利呢？我们有

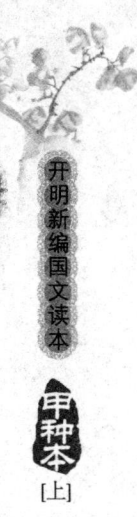

手而不能用，有眼而不能看，一定很难过：我们有脑子而不识字，没有知识，连看电影也不大能懂得，何尝不是一样的苦呢？大学生从小学到中学，现在又到大学，仿佛肚里吃东西已经吃得很多，看见旁人没有学问，没有知识，常常受脑饿的痛苦，就很难过，很不爽快，并且觉得太不平等了。所以愿为大家尽力，开办这个平民夜校。大学生既有这种好意思，住在大学附近的人家也把他的子弟送来求学，现在不竟有四百多人，仿佛肚子饿了，知道自己去求食一样。这种气象实在好极，也算不辜负办平民夜校诸位的热心了。

最后，我对于夜校的学生同家长还有两层希望：

一、教员既然拿出全副精神来教我们，我们得好好地学。如果进来一两天以后，觉得没有什么新奇，就不来了，这未免对不起教员的一番热心。

二、现在只有住在大学附近的，才享有这种特别权利。那些住得较远的，就享不着这种权利了。你们也应该代为觉得难过，所以最好把你们所学得的去传达给你们的亲戚或朋友。

（一）这篇演说说明了什么？

（二）"平民也能到大学来受教育了"这话有些含混。为什么？

习惯成自然 / 翰 先

"习惯成自然"这句老话很有意思。

我们走路,为什么总是左脚往前,右脚往前,两条胳臂跟着动荡,保持身体的均衡,不会跌倒在地上?我们说话,为什么总是依照心里的意思,先一句,后一句,一直连贯下来,把要说的都说明了?

因为我们从小习惯了走路,习惯了说话,而且"成自然"了。什么叫做"成自然"?就是不必故意费什么心,仿佛本来就像那样子的意思。

走路和说话是我们最需要的两种基本能力。推广开来,无论哪一种能力,要达到了习惯成自然的地步,才算是我们有了那种能力。不达到习惯成自然的地步,勉勉强强的做一做,那就算不得我们有了那种能力。如果连勉勉强强做一做都不干,当然更说不上我们有了那种能力了。

听人家说对于样样事物要仔细观察,才能懂得明白,心里相信这个话很有道理。这当儿,并不是我们就有了观察的能力。

听人家说劳动是人人应做的事,一切的生活资料,一切的文明文化,都从劳动产生出来,心里相信这个话很有道理。这当儿,并不是我们就有了劳动的能力。

听人家说读书是充实自己的一个重要法门,书本里包含着古人今人的经验,读书就是向许多古人今人学习,心里相信这个话很有道理。这当儿,并不是我们就有了读书的能力。

听人家说人必须做个好公民,现在是民主时代,个个公民尽责守分,才能有个好秩序,成个好局面,自己幸福,大家幸福,心里相信这个话很有道理。这当儿,并不是我们就有了做好公民的能力。

这样说下去是说不完的,就此打住,不再列举吧。

要有观察的能力,必须真个用心去观察。要有劳动的能力,必须真个动手去劳动。要有读书的能力,必须真个去把书本打开。要有做好公民的能力,必须真个去作公民应作的一切事情。在相信人家的话很有道理的时候,只是个"知"罢了,"知"比"不知"似乎好些,但仅仅是"知",实际上与"不知"并无两样。到了真个去观察去劳动……的时候,"知"才会渐渐化为我们的习惯,习惯成自然,才是我们的能力。

通常说某人能力不强,就是某人没有养成多少习惯的意思。譬如说张三记忆力不强,就是张三没有把看见的听见的一些事物好好记住的习惯。譬如说李四发表力不强,就是李四没有把自己的思想和感情说出来写出来的习惯。

习惯养成得愈多,那个人的能力愈强。我们做人做事,需要种种能力,所以最要紧的是养成种种的习惯。

养成习惯,换个说法,就是教育。教育不限于学校,也不限于读书,学校教育只是教育的一部分,读书这门事也只是教育的一部分。我们在学校里受教育,目的在养成习惯,增强能力。我们离开了学校,仍然要从种种方面受教育,并且要自己教育,目的还是在养成习惯,增强能力。习惯越自然越好,能力越增强越好,孔子一生"学而不倦",就为的看透了这个道理。

(一)这篇文字中最主要的话是哪几句?

(二)习惯有好的,也有坏的。坏习惯养成得多,那个人的能力也强吗?

(三)这篇文字,前面用走路和说话作例子,中间又用观察,劳动,读书,做好公民作例子。举例的方法有什么用处?

邮差先生 /芦焚

邮差先生走到街上来,手里拿了一大把信。在这小城里,他是邮务员、售票员,但是他仍旧有许多空闲时间。每天他戴上老花眼镜,埋头在公案上剪裁花样,再加上年岁的侵蚀,他的脊背因此驼了。当邮件来到的时候,他站起来,嘴里念着,逐件拣出来,然后小心的扎成一束。

"这一封真远!"他偶然瞥见从云南或甘肃寄来的信,便忍不住在心里叹息,因为他从来没有想到过更远的地方。其实他自己也弄不清云南同甘肃的方位。

现在邮差先生手中拿的是各式各样的信,其中最多的一类大概是学生写给家长的。"又来催饷了,"他心里说,"足够老头子忙三四天!"

他在空旷的很少行人的街上走着,一面想着。小城的阳光晒着他的花白了的头,晒着他的穿着皂布马褂的驼了的脊背。尘土从脚下扬起来,落到他的白布袜子上。一个学生的家长又将向他苦笑,"毕业,快要毕我的业了!"心里充满了善意,他忍不住笑了。这些写信的人自然不全认识他,他们几乎永远不会想到他。他可知道他们,甚至他们每一次搬家,或者迁到别处去,他都知道。

邮差先生于是敲门。如果门虚掩着,他就走进去。

"家里有人吗?"他在过道里大声喊。

他有时候要等好久,里面才走出来一位老太太,她的女婿在外边作

事,或者,她的儿子在当兵。一只狗在她后面叫着。她走出来那样的慌忙,一面还在围裙上擦手。

"作什么的?"老太太问。

邮差先生说:"有一封信,你有图章吗?"

"图章?"老太太没有图章。

"那你打一个铺保,晚半天到局子里来拿,这里面也许有钱。"

"有多少?"

"我说也许有,不一定有。"

邮差先生重新走到街上,小城的阳光照在他花白了的头顶上,他的模样既尊贵,又从容,并且有那样一种神情,任何人看见都会当他是出来散步。说实话,他何必慌忙,他手中的信反正全要送到。在这小城中,难道还会有什么事等待他吗?虽然有时候他很抱歉,他为这个小城送来不幸的消息——不,这种事是很少有的,但愿它不常有。

"送信的,有我的信吗?"忽然一个爱开玩笑的人在前面拦住了他。

"没有,"邮差先生笑着说,"你的信还没有来到,这时候大概正在路上睡哩。"

邮差先生拿着信,顺着街道走下去。阳光充足的照到街岸上,屋脊上和墙壁上,他身上微微出汗,心里简直想唱支小曲。想唱小曲,又被太阳晒出了神。因此他叹息,这个小城的天气真好。

(一)老邮差的平淡生活,小城的冷静情形,都描摹了出来。

(二)学生家长寄来信要钱,老太太听说也许有钱就问"有多少",都是真情。凡是真情,就值得叙写。

威尼斯的小艇 /马克·吐温 著
刘正训 译

威尼斯的小艇大约有二三十尺长，又狭又深，有一点像美洲的独木船。船头和船梢向上翘起，像新月的样子，不过弯曲部分稍稍有些变化罢了。行动起来，轻快，灵活，仿佛一条蛇。

船夫的驾驶技术特别好。在运河上行船的时候，速度极快，来往船只很多，他总能操纵自如，毫不手忙脚乱。在极快的时候，他能够拐弯，在拥挤的时候，他能够挤进挤出。我们看是极险极窄的地方，小艇却能穿了过去，而且速度非常的快。坐在船上，两边的建筑物飞一般的往后倒退，我们的眼睛忙极了，不知看哪一处好。

船夫穿的衣服并不考究，没有缎马甲，没有软边帽子，也没有丝织的紧身衣。但是举动很文雅，不慌不忙，动作仿佛都合着音乐的拍子。他站在船梢，上面有傍晚的青天做他的背景，在我们外国人看起来，感到十足的浪漫情调。

我们在船舱里，坐着皮垫子，软软的像沙发一般，在里面看看书，或是打开窗帘，望望来往的船只以及桥梁，怪有意思的。这种趣味，在生活紧张万分的美国是享受不到的。

小艇在威尼斯等于街头的汽车。我们看见商人挟了一大包货物，跑到门口，便走下小艇(不是汽车，也没有汽车)，匆匆地去做他的生意。

我们看见年轻的妇女站在码头上，互相谈笑，接吻。

"早一点来看我们，妈等着你呢!"

"你为什么到今天才来？"

我们还看见许多小孩子和姑娘也坐在小艇里，由保姆伴着，到郊外去呼吸新鲜空气。我们又看见庄严的老人，带了全家，挟了《圣经》、念珠，雇了小艇上礼拜堂去做祷告。半夜的时候，我们看见戏院散场，一大群青年男女手挽手地挤了出来，走到雇定的小艇里去。那许多船原来是簇拥在一块地方的，不久便散开了，消失在弯曲的街道中了。远处，我们听见哗笑的声音，告别的声音，这时候水面上渐渐沉寂，我们只看见月亮的影子在水内摇晃——大建筑物立在前面——断落残破的桥梁横在水上——船都停泊着不动。神秘的静寂笼罩着威尼斯。古老的威尼斯又沉沉的入睡了。

（一）第三节开头说"没有缎马甲，没有……"因为一般人传说，威尼斯的船夫都穿得很考究的缘故。

（二）后半篇列叙看见种种的人坐小艇，显出威尼斯河上的特别情景。

（三）插入妇女们的两句随便谈话，情景更见活泼。

两首诗

太阳的话 / 艾 青

打开你们的窗子吧

打开你们的板门吧

让我进去,让我进去

进到你们的小屋里

我带着金黄的花束

我带着林间的香气

我带着亮光和温暖

我带着满身的露水

快起来,快起来

快从枕头上抬起头来

睁开你们的被睫毛盖着的眼

让你们的眼看见我到来

让你们的心像小小的木板房

打开那关闭了很久的窗子

让我把花束,把香气,把亮光

温暖和露水撒满你们心的空间

(一)先说打开屋子的窗子和板门,次说打开心的窗子。太阳的深深的爱,要达到人们的心里。

(二)太阳带着的东西全是可爱的，有生气的。

(三)眼闭着，看不见太阳到来。心的窗子关着，接受不了太阳的爱。张开眼，打开心的窗子，那才幸福了。

一个小农家的暮 / 刘半农

她在灶下煮饭，
新砍的山柴
必必剥剥的响。
灶门里嫣红的火光，
闪着她嫣红的脸，
闪红了她青布的衣裳。
他衔着个十年的烟斗，
慢慢的从田里回来；
屋角里挂起了锄头，
便坐在稻床上，
调弄着只亲人的狗。
他还踱到栏里去，
看一看他的牛；
回头向她说，

"怎样了——
我们新酿的酒？"
门对面青山的顶上，
松树的尖头，
已露出了半轮的月亮。
孩子们在场上看着月，
还数着天上的星；
"一，二，三，四……"
"五，八，六，两……"
他们数，
他们唱：
"地上人多心不平，
天上星多月不亮。"

(一)这是一家很过得去的农家，夫妻和孩子都是无愁无虑的。

(二)说"一，二，三，四……"是顺次序，说"五，八，六，两……"算什么？

科学的头脑 /任鸿隽

我们常常听见有人说，现今的世界是科学的世界。这句话的意思，是说现今的世界不但让电灯、电话、轮船、火车、无线电、飞机——这些都是科学的发明——把我们的生活情形改变了，就是我们的一言一动，思想行为，也免不了受到科学的支配。换一句话说，做现今世界的人，必须具有科学的头脑，不管你是科学家不是科学家。

怎样才可以养成科学的头脑呢？第一要注重事实。平常的人总是以耳为目，人云亦云；有科学头脑的便不然，他必定要考查一件事情的实在。如古书说："燕太子丹朝于秦，秦王留之，与之誓曰，'使日再中，天雨粟，乌白头，马生角，乃得归。'当此之时，天地祐之，日为再中，天为雨粟，乌白头，马角生。"像这一类的话，显非事实，若不加考查，信以为真，便是没有科学的头脑。现今社会上还有许多奇怪的传说，如鬼可以照相，孔子耶稣可以降乩，甚至义和拳的法术可以使枪炮不能伤身之类，只要拿事实来考查一下，便可以不攻自破。事实是科学的根基，注重事实，便是养成科学的头脑的第一条件。

第二要了解关系。天地间事物，总有一个因果的关系；不明白这个关系，要求无因之果，或是因果错误，便是迷信。俗语说，"种瓜得瓜，种豆得豆"，这种因果的关系是很明白的。不过在稍稍复杂的情形之下，我们就往往不容易明白关系的所在。譬如有了疾病，不请医生而求佑于神道；希望后嗣繁荣，不注意教育而乞灵于风水。殊不知神道与疾病，风水与后嗣的繁荣，都没有什么关系的。科学是寻出事物关系的学问，能事事求出一个真正的关系，便是养成科学的头脑的第二条件。

第三要精密正确。平常的人叙述一件事情，最喜欢用"大概""差不多"一类的词语；有科学头脑的，则必用一定的数字来代表确实的量度。问你现在是什么时候，你必须看一看表，说现在是十二点三十分，——如能说秒更好——不能说大概是十二点罢。问你的身长几何，你必须回答五尺六寸，——如能说分更好——不能说差不多六尺罢。正确是一步不能放松的。许多科学的发明，都是从细微的比较中得来。所以精密与正确，也是养成科学的头脑的必要条件。

第四是力求透澈。凡做一件事，必须考虑周详；研究一种学问，必要寻根究底；这就是所谓透澈。浅尝辄止，或者半途自画，都是成功的蟊贼，更不能算科学的头脑。

以上四点，仅仅是个人日常生活上的几种习惯，平淡无奇的，没有什么大了不起，可是它们却是养成科学的头脑的必要条件，从来大科学家研究科学，没有不是依赖它们而成功的。

(一)读了这篇文章的人应当问问自己：是不是有了那四种习惯？

(二)所引古书中的一段话，翻为白话，该怎么说？

人民的世纪 /《开明少年》

大家说，从今以后是"人民的世纪"了。

什么叫做"人民的世纪"？在专制国家里，与人民相对的是特权阶级。特权阶级的名目各式各样，皇帝，领袖，军阀，财阀，还有别的。名目虽然各式各样，他们占人民的便宜，吸人民的膏血，却是一致的。因此，在专制国家里，人民痛苦，特权阶级舒服；人民压在底下，特权阶级高高在上；人民没有什么自由，特权阶级享有太多太广的自由。所谓"人民的世纪"里的"人民"，并不与这样的人民同一意义。

所谓"人民的世纪"里的"人民"，就一国说，包括全国的人而言；就世界说，包括全世界的人而言。摆个杂货摊儿的是人民，赤着脚下田的是人民，在讲台上谈论学理的是人民，在各级政府机关里办事的是人民，总而言之，谁都是人民。大家站在一边儿，彼此平等，另外不再有相对的什么人。照从前的说法，"民"与"君"相对，当然是不合的了。照孟夫子的想法，"民"是"治于人"的人，另外还有"治人"的人，也不是那么一回事。

"人民"的意义既然弄清楚了，才可以说到"人民的世纪"。

谁都是人民，谁都希望过好的生活，就必须把公共的事办得有条有理，入轨上道。公共的事办不好，各个人的生活会好吗？这中间的道理是很容易想明白的。要办好公众的事，第一要大家参预，发表意见，商量办法；第二要大家出力，认真干去，成功方休。这就是所谓自治——

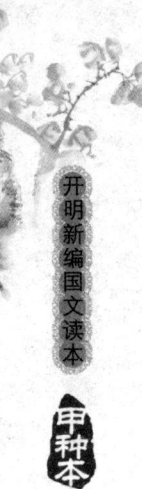

人民治理自己的事；也就是所谓民主——人民作主，一切的事都为了人民，都为了使人民过好的生活。

所谓"人民的世纪"，就是说，今后是人民自治的世纪了，是民主的世纪了。反过来说，今后人民不再"治于人"了；一切违反人民利益的事，一切使人民过不好的生活的事，都行不通了。

你或者要问，为什么不早不迟，"人民的世纪"从如今开头？回答是：因为第二次世界大战方才结束，大家从血海中泪海中得到了真切的经验，认为非抓住时机，立刻展开"人民的世纪"不可。否则第二次大战就将白打，往后大家仍然不得过好的生活。

第二次大战是几个侵略国家的特权阶级搅起来的。在国内，他们欺压人民，要人民拿出一切来，连生命也拿出来替他们打仗。对国外，他们欺压各个国家，想掠夺各个国家的资源，奴役各个国家的人民。这样的世界还成什么世界？在这样的世界里，人民还有什么好的生活？于是人民起来了，为各个人自己，也为周围的大伙儿，为自己这一辈子，也为将来的子子孙孙，打了这一场残酷无比的仗。现在仗打胜了，几个侵略国家垮了，固然可以庆幸，但是工夫只做了一半。还有一半，必须做到各个国家内实现民主，在国与国之间，也贯彻着民主的精神，才可以不再遇着战争的灾难，才可以过好的生活，全人类往更高的阶段发展。

少年们，挺起胸膛，提起精神，用心用力，上劲学习；迎接这个"人民的世纪"吧。

(一)这篇文章先说明"人民"的意义，其次说明"人民的世纪"的意义，接着说明"人民的世纪"为什么从如今开头。层次清楚，使人容易理会。

(二)末了说迎接这个"人民的世纪"，如果要说得更直白些，该怎么说？

济南的冬天 / 老 舍

对于一个在北平住惯的人，像我，冬天要是不刮风，便觉得是奇迹；济南的冬天是没有风声的。对于一个刚由伦敦回来的人，像我，冬天要能看见日光，便是怪事；济南的冬天是响晴的。自然，在热带地方，日光是永远那么毒，响亮的天气，反有点叫人害怕。可是，在北中国的冬天，而能有温晴的天气，济南真得算个宝地。

设若单单是有阳光，那也算不了出奇。请闭上眼睛想：一个老城，有山有水，全在蓝天底下晒着阳光，暖和安适的睡着，只等春风来把它们唤醒，这是不是个理想的境界？

小山整把济南围了个圈儿，只有北边缺着点口儿。这一圈小山在冬天特别可爱，好像是把济南放在一个小摇篮里，它们全安静不动地低声的说："你们放心吧，这儿准保暖和。"真的，济南的人们在冬天是面上含笑的。他们一看那些小山，心中便觉得有了着落，有了依靠。他们由天上看到山上，便不觉地想起："明天也许就是春天了吧？这样的温暖，今天夜里山草也许就绿起来了吧？"就是这点幻想不能一时实现，他们也并不着急；有了这样慈善的冬天，干啥还希望别的呢？

最妙的是下点小雪呀。看吧，山上的矮松越发的青黑，树尖上顶着一髻儿白花，好像小日本看护妇。山尖全白了，给蓝天镶上一道银边。山坡上，有的地方雪厚点，有的地方草色还露着；这样，一道儿白，一道儿暗黄，给山们穿上一件带水纹的花衣；看着看着，这件花衣好像被风儿吹动，叫你希望看见更美的山的肌肤。等到快日落的时候，微黄的阳光斜射在山腰上，那点薄雪好像害了羞，微微露出点粉色。就是下小雪吧，济南是受不住大雪的，那些小山太秀气！

古老的济南，城内那么狭窄，城外又那么宽敞，山坡上卧着点小村庄，小村庄的房顶上卧着点雪，对，这是张小水墨画，或者是唐代的名手画的吧。

那水呢，不但不结冰，倒反在绿藻上冒着点热气，水藻真绿，把终年贮蓄的绿色全拿出来了。天儿越晴，水藻越绿。就凭这些绿的精神，水也不忍得冻上；况且那长枝的垂柳还在水里照个影儿呢！看吧，由澄清的河水慢慢往上看吧，空中，半空中，天上，自上而下全是那么清亮，那么蓝汪汪的，整个的是块空灵的蓝水晶。这块水晶里，包着红屋顶，黄草山，像地毯上的小团花的小灰色树影：这就是冬天的济南。

(一)这一篇文章是作者凭自己的经验，说出济南冬天的可爱处。通篇看来都好像作者指点着济南在向读者说话，读者也就宛如眼见济南的冬天。

(二)写景文字要写得好，必须领略了景物，得到一点自己的意思才成。这篇文字就是榜样。

交湖风景/朱自清

交湖在庐参的东南,从庐参去,要坐六点钟的火车。车子走过勃吕尼山峡。这条山峡在瑞士是最低的,可是最有名。沿路的风景实在太奇了。车子老是挨着一边山脚下走,路很窄。那边起初也只是山,青青青青的,越走上去,那些山越高了,也越远了;中间豁然开朗,一片一片的谷,是从来没有看见过的山水画。车窗里直望下去,却往往只见一丛树顶,到处是深绿色,在风里微微波动着。路似乎颇弯曲的样子,一座大山峰老是看不完;瀑布左一条右一条的,多少让山顶上的云掩护着,清淡到像一些声音都没有;不知转了多少转,到勃吕尼了。这儿高三二八六英尺,差不多到了这条峡的顶。从此下山,不远便是勃利安湖东岸,北岸就是交湖了,车沿着湖走。太阳出来了,隔岸的高山青得出烟,湖水在我们脚下百多尺,闪闪的像珐琅似的。

交湖高一八六六英尺,勃利安湖与森湖交会于此。地方小极了,只有一条大街;四围让阿尔卑斯的群峰严严地围着。其中少妇峰最为秀拔,积雪皑皑,高出云外。街北有两条小径;一条沿河,一条在山脚下,都以幽静胜。小径的一端,依着小山的形势,参差地安排着一些别墅般的屋子。街南一块平原,只有稀稀的几家人家,显得空旷得不得了。早晨从旅馆的窗子看,一片清新的朝气,冉冉地由远而近,仿佛在古时的村落里。街上满是旅馆和铺子;铺子不外卖些纪念品、咖啡、酒饭等等,都是为游客预备的。这地方简直是游客的地方,不像属于瑞士人。纪念品以刻木为最多，大都是些小玩意儿，是一种涂紫色的木头；虽然刻得粗略，却有气力。在一家铺子门前看见一个美国人在说："你们这些东西，都没有用处；我不欢喜玩意儿。"买点纪念品还要考较用处，此君真美国化得可以了。

从交湖可以乘车上少妇峰，路上要换两次车。在老台勃鲁能换爬山电车，就是下面带齿轮的。车子慢慢爬上去，窗外展开一片高山与平陆，宽旷到一眼望不尽。坐在车中，不知道车子如何爬去；却看那边山上，也有一条陡峻的轨道，也有车在上面爬着，就像一只甲虫。到小夏代格再换车，轨道中间装上一排钩子，与车底下的齿轮好咬得更紧些。这条路直通到少妇峰前头，差不多整个儿是隧道；因为山上满积着雪，不得不打山肚穿过去。这条路是欧洲最高的铁路，费了十四年工夫才造好，要算近代顶伟大的工程了。

在隧道里走没有多少意思，可是哀格望车站值得看。那前面的看廊是从山岩里硬凿出来的。三个又高又大又粗的拱门般的窗洞，教你觉得自己渺小。望出去很远，五九〇四英尺下的格林德瓦德也可见。少妇峰站的看廊却不及这里；一眼尽是雪山，雪水从檐上滴下来，别的什么都没有。虽在一一二四二英尺的高处，而不能放开眼界，未免令人有些怅怅。但是站里有一架电梯，可以到山顶上去。这是小小一片高原，在明西峰与少妇峰之间，三二〇英尺长，厚厚地堆着白雪。雪上虽只是淡淡的日光，乍见竟耀得人睁不开眼；这儿可望得远了：一层层的峰峦起伏着，有戴雪的，有不戴的；总之越远越淡下去。山缝里躲躲闪闪一些玩具般的屋子，据说便是湖了。原上一头插着瑞士白十字国旗，在风里飒飒地响，颇有些气势。山上不时地崩雪，沙沙沙沙流下来像水一般，远看很好玩儿。脚下的雪滑极，不走惯的人，寸步都得留神才行。少妇峰的顶，还在二三二五英尺之上，得凭着自己的手脚爬上去。

下山还在小夏代格换车，却打这儿另走一股道，过格林德瓦德直到交湖，路似乎平多了。车子绕明西峰走了好些时候。明西峰比少妇峰低些，可是大。少妇峰秀美得好，明西峰雄奇得好。车子紧挨着山脚转，陡陡的山势似乎要向窗子里直压下来，像传说中的巨人。这一路有几条瀑布；瀑布下的溪流快极了，翻着白沫，老像沸着的锅子。早九点多，在交湖上车，回去是五点多。

（一）"交会于此""以幽静胜"是文言句法，口语该怎么说？

（二）眼里看得仔细，心里记得明白，才能写出像这样的文字。

乞丐 / 屠格涅夫 著 李岳南 译

我沿着街道走……为了一个衰老的乞丐，我停了脚步。

充血的可怕的眸子，紫色的嘴唇，褴褛的衣服，流脓的创伤……啊，是何等可怖的穷困吞噬了这个可怜的生灵！

他向我伸出了一只红肿而肮脏的手，他呻吟着，他喃喃地要求周济。

我开始摸索我每一个口袋……没有钱包也没有手表，连一条手巾都没有……我拿不出一点东西来。这个乞丐仍然等待着……他那伸出的手在无力的抖动。

怅惘而羞愧的我热烈地握住了他那污秽而抖动的手……"不要生气，老哥，我没有一点东西，老哥。"

乞丐用他那充血的眼注视着我；他的紫色的嘴唇微笑了；而且，他更紧地握了握我的冰冷的手指。

"这算什么，老兄？"他喃喃地说，"这也要谢谢你，这也是一件礼物，老兄。"

我知道我也从这位老哥处得了点礼物。

(一)乞丐说"这也是一件礼物"，那礼物是什么？

(二)作者说"我也从这位老哥处得了点礼物"，那礼物是什么？

聪明人和傻子和奴才 / 鲁迅

奴才总不过是寻人诉苦。只要这样，也只能这样。有一日，他遇到一个聪明人。

"先生，"他悲哀的说，眼泪联成一线，就从眼角直流下来，"你知道的。我所过的简直不是人的生活。吃的一天未必有一餐，这一餐又不过是高粱皮，连猪狗都不要吃的，尚且只有一小碗……"

"这实令人同情。"聪明人也惨然说。

"可不是么！"他高兴了。"可是做工是昼夜无休息的：清早担水晚烧饭，上午跑街夜磨面，晴洗衣裳雨张伞，冬烧汽炉夏打扇。半夜要煨银耳，侍候主人耍钱；头钱从来没分，有时还挨皮鞭……"

"唉!唉!"聪明人叹息着，眼圈有些发红，似乎要下泪。

"先生!我这样是敷衍不下去的。我总得另外想法子。可是什么法子呢？"

"我想，你，总会好起来……"

"是么？但愿如此。可是我对先生诉了冤苦，又得你的同情和安慰，已经舒坦得不少了。可见天理没有灭绝……"

但是，不几日，他又不平起来了，仍然寻人去诉苦。

"先生!"他流着眼泪说，"你知道的。我住的简直比猪窝还不如。主人并不将我当人；他对他的叭儿狗还要好到几万倍……"

"混帐!"那人大叫起来，使他吃惊了。那人是一个傻子。

"先生,我住的只是一间破小屋,又湿,又阴,满是臭虫,睡下去就咬得真可以,秽气冲着鼻子,四面又没有一个窗……"

"你不会要你的主人开一个窗的么?"

"这怎么行?……"

"那么,你带我去看去!"

傻子跟奴才到他屋外,动手就砸那泥墙。

"先生,你干什么?"他大惊地说。

"我给你打开一个窗洞来。"

"这不行!主人要骂的!"

"管他呢!"他仍然砸。

"来人呀!强盗在毁咱们的屋子了!快来呀!迟一点可要打出窟窿来了!"

他哭嚷着,在地上团团地打滚。

一群奴才都出来了,将傻子赶走。

听到了喊声,慢慢地最后出来的是主人。

"有强盗要来毁咱们的屋子,我首先叫喊起来,大家一同把他赶走了。"他恭敬而得胜地说。

"你不错。"主人这样夸奖他。

这一天就来了许多慰问的人,聪明人也在内。

"先生,这回因为我有功,主人夸奖了我了。你先前说我总会好起来,实在是有先见之明……"他大有希望似的高兴地说。

"可不是吗?……"聪明人也代为高兴似的回答他。

(一)读了这篇文字,可知道那三种人的分别在哪里?

(二)奴才诉说做工的苦楚,一串话是押韵的,这有一种什么样的趣味?

(三)奴才受了主人的夸奖,以为这应了聪明人的话,已经好起来了。他要真的好起来,该怎么样?

离枝之前 /萨尔丹 著 胡仲持 译

一片片的树叶从草地边那棵大橡树落下来。从一切树木落下来。

橡树的一枝高出了其余的,它末梢上黏着两片树叶。

"不是平常那样的天时了。"一片树叶对另一片树叶说道。

"对啦,"那另一片树叶回答道,"今夜我们中间有这么许多落掉了,差不多只有我们这几片留在枝头。"

"你是无法知道下一次有谁死掉的。"第一片树叶说道,"就是天时和暖,太阳照耀着的时候,也往往会有暴风急雨到来,把许多还年青的树叶撕去。你是无法知道下一次有谁死掉的。"

"现在太阳很少露脸了。"第二片树叶叹了一口气,"就是在露脸的时候,也没有什么热气。我们要再受些热气才好。"

"据说等到我们死掉的时候,"第一片树叶说道,"有另一批来接替我们的地位,他们之后又有另一批,这样一批又一批地接替着。这个话可是真的么?"

"这的确是真的。"第二片树叶轻声说道,"对于这件事情,我们连想象一下也做不到,我们的力量太不够了。"

"这使我悲哀。"第一片树叶补充一句道。

他们沉默了一会。第一片树叶悄悄地在心里想道,"为什么……为什么我们必须落掉……"

第二片树叶说道:"当我们落掉的时候,我们究竟怎么样?"

"我们沉下去……"

"我们的底下是什么？"

第一片树叶回答道："我没有知道。有的说这样，有的说那样，可是谁也没有真正知道。"

第二片树叶问道："当我们落在那儿的时候，我们可感觉什么痛苦？我们可知道关于我们自身的什么情形？"

第一片树叶回答道："谁知道！凡是落在那儿的，从没有一个回转来，把那种情形说给我们听。"

他们又沉默了一会。于是第一片树叶对另一片体贴地说道："不要愁得这么厉害，你在发抖哩！"

"没有什么，"第二片树叶回答道，"现在我是一遇着极微细的事儿就会发抖的。我觉得自己的自制力不像平时那样拿得稳了。"

"我们不要再谈这样的话了。"第一片树叶说道。

另一片树叶回答道："对啦，我们不管就是了。但是，此外我们有什么话可以谈谈呢？"他沉默了一会，继续说道，"我们中间不知道谁先去呀！"

"这样担心起来，时间还多着呢。"另一片树叶安着他的心。"我们来回想一下罢。当太阳照得暖烘烘的，使我们心花大开的时候，它是多么明媚多么艳丽啊！你可记得么？还有早晨的露，以及那温和的爽适的夜……"

"现在的夜是可怕的。"第二片树叶抱怨道，"而且是长得没有尽头的。"

"我们不应当抱怨。"第一片树叶轻轻地说道，"我们比较许多许多别的树叶已经长命了。"

"我可变得很厉害么？"第二片树叶怯生生地，但是直捷地问道。

"一点也没有变。"第一片树叶安着他的心，"你只因看我变得这么黄这么丑,才作这样想。然而你的情形很好。"

"你骗我。"第二片树叶说道。

"不,实在不,"第一片树叶急着嚷道,"请你相信我的话,你可爱得正同你出世那一天一样。小小的黄斑点也许有几处,但是很不容易看出来,只有使你显得美些,你相信我的话罢。"

"谢谢你,"第二片树叶十分伤感地低声说道,"我不相信,一点也不相信。但是我谢谢你,因为你的情谊真好,你对我一向是这么好的。"

"嘘!"第一片树叶说了一声,就保持着沉默,因为他烦闷得不能再谈下去了。

于是他们两个都沉默着。时间一小时一小时地过去。

树梢间吹着潮润的风,冷冷的,惨厉的。 "唉!现在,"第二片树叶说道,"我……"于是他的声音断了。他脱离了他的老地方,飘呀飘的下来。

冬天已经到来了。

(一)这一篇想象枯叶的心情的文章,以为枯叶如果和人一样能思想,在离枝之前,该会有这些忧惧和烦闷。

(二)看得出第一第二两片树叶,在性情上有哪些不同吗?

背 影 / 朱自清

我与父亲不相见已二年余了,我最不能忘记的是他的背影。

那年冬天,祖母死了,父亲的差使也交卸了,正是祸不单行的日子。我从北京到徐州,打算跟着父亲奔丧回家。到徐州见着父亲,看见满院狼藉的东西,又想起祖母,不禁簌簌地流下眼泪。父亲道:"事已如此,不必难过,好在天无绝人之路!"

父亲回家变卖典质,还了亏空,又借钱办了丧事。这些日子,家中光景很是惨淡,一半为了丧事,一半为了父亲赋闲。丧事完毕,父亲要到南京谋事,我也要回北京念书,我们便同行。

到南京时,有朋友约去游逛,勾留了一日;第二日上午便须渡江到浦口,下午上车北去。父亲因为事忙,本已说定不送我,叫旅馆里一个熟识的茶房陪我同去。他再三嘱咐茶房,甚是仔细,其实我那年已二十岁,北京已来往过两三次,是没有什么要紧的了。但他还不放心,怕茶房不妥帖,颇踌躇了一会,终于决定还是自己送我去。我两三回劝他不必去;他只说:"不要紧,他们去不好!"

我们过了江,进了车站。我买票,他忙着照顾行李。行李太多了,得向脚夫行些小费,才可过去。他便又忙着和他们讲价钱。我那时真是聪明过分,总觉他说话不大漂亮,非自己插嘴不可。他讲定了价钱,就送我上车。他给我拣定了靠车门的一张椅子;我将他给我做的紫毛大衣铺好坐位。他嘱我路上小心,夜里要警醒些,不要受凉。

又嘱托茶房好好照应我。我心里暗笑他的迂；他们只认得钱，托他们真是白托！而且我这样大年纪的人，难道还不能料理自己么？唉，我现在想想，那时真是太聪明了！

我说道："爸爸，你走吧。"他望车外看了看，说："我买几个橘子去。你就在此地，不要走动。"我看那边月台的栅栏外有几个卖东西的等着顾客。走到那边月台须穿过铁道，须跳下去又爬上去。父亲是一个胖子，走过去自然要费事些。我本来要去的，他不肯，只好让他去。我看见他戴着黑布小帽，穿着黑布大马褂，深青布棉袍，蹒跚地走到铁道边，慢慢探身下去，尚不大难。可是他穿过铁道，要爬上那边月台，就不容易了。他用两手攀着上面，两脚再向上缩；他肥胖的身子向左微倾，显出努力的样子。这时我看见他的背影，我的泪流下来了。我赶紧拭干了泪，怕他看见，也怕别人看见。我再向外看时，他已抱了朱红的桔子走回来了。过铁道时，他先将桔子放在地上，自己慢慢爬下，再抱起桔子走。到这边时，我赶紧去搀他。他和我走到车上，将橘子一股脑儿放在我的皮大衣上。于是扑扑衣上的泥土，心里很轻松似的。过一会说："我走了；到那边来信。"我望着他走出去。他走了几步，回过头看见我，说："进去吧，里边没人。"等他的背影混入来来往往的人里，再找不着了，我便进来坐下，我的眼泪又来了。

近几年来，父亲和我都是东奔西走，家中光景是一日不如一日。他少年出外谋生，独立支持，做了许多大事。哪知老境却如此颓唐!他触目伤怀，自然情不能自已。情郁于中，自然要发之于外；家庭琐屑便往往触他之怒。他待我渐渐不同往日。但最近两年的不见，他终于忘却我的不好，只是惦记着我，惦记着我的儿子。我北来后，他写了一信给我，信中说道："我身体平安，惟膀子疼痛厉害，举箸提笔，诸多不便，大约大去之期不远矣。"我读到此处，在晶莹的泪光中，又看见那肥胖的，青布棉袍黑布马褂的背影。唉!我不知何时再能与他相见。

(一)作者说最不能忘记的是父亲的背影,为什么?

(二)篇中的对话,看来很平常,可是都带着情感。试逐一体会,哪一句带着哪种情感。

(三)当时作者与父亲同行,到南京车站上分别,彼此说的当然不止那几句话,而写在文字里的只有那几句。这就叫做"取舍"的工夫。"取"是取那些与本篇有关的材料,"舍"是丢开那些用不着的材料。

撤 退
/格洛斯曼 著 茅盾 译

马利亚·铁木菲也芙娜·乞列特尼成科，师委员的母亲，七十岁的黑脸的女人，准备离开她的故乡。邻人们邀她在白天和他们同走，但是马利亚·铁木菲也芙娜正在烘烤那路上用的面包，要到晚上才能烤好。集体农场的主席却是预定次日一早走的，马利亚就决定和他同走。

她的十一岁的孙子辽尼亚本来在基辅读书；战争爆发前三星期学校放假，辽尼亚从基辅来看望祖母，现在还没回去。开战以后，马利亚就得不到儿子的消息，因此她现在决定带了孙子到喀山去，投奔她的儿媳妇的一个亲戚，儿媳妇是早三年就故世了。

从前，她的儿子常常请她到基辅和他同住在那大的公寓里，那当然比乡下舒服安逸。她每年总也去这么一次，但难得住到一个月以上。那时候，儿子曾经陪同她在城内各处游览。她曾两次到过历史博物馆，至于戏院更是经常去的。在戏院里，人们都用好奇的敬重的眼光望着这位坐在包厢的第一排座位上的高大而年老，手上多皱而重茧的乡下女人。她的儿子通常要在最后一幕戏开始的时候才到来，因为他的工作完毕得很晚。他们肩并肩的走过那休息室，人们都为他们让路——一个是矍铄而严肃的肩头披着黑围巾的老太太，一个是师委员那样的高级军官，也是容貌严肃而且同样的不大白皙的脸，看起来他俩是很相像的。"这是母子俩呀。"女人们互相耳语，同进溜着眼睛朝他们看。

一九四〇那一年，马利亚·铁木菲也芙娜生了一场病，不曾到儿子那里去。但在七月，儿子随军演习，顺路到母亲这里住了两天。这一次，儿子又请母亲搬到基辅去住。自从妻子故世，他过的是独身的生活，他又担忧着辽尼亚缺乏了女人的照顾和抚爱。再则，他听说老母以七十岁的高龄仍在担负集体农场的工作，自己挑水，自己劈柴，他心里也很难过。

当他们在园子里他父亲生前手植的那棵苹果树下喝着茶的时候，母亲听着儿子的反复劝说，老是不置可否。太阳快下山的当儿，他们一同去拜谒他父亲的坟墓。在坟园里，母亲对儿子说道：

"你想想，我能够离开这里么？我打算老死在这里了。你原谅我罢，我的儿。"

而现在，她准备离开她这故乡了。动身的前夕，她去拜访她所熟识的一位老太太。辽尼亚和她一同去。他们到了那一家时，只见大门洞开，院子里站着那独眼的华西里·卡尔波维奇，集体农场的老年的牧人。屋主人那条棕色的狗夹着尾巴偎在华西里的脚边。

"他们已经走了。"华西里说，"他们以为你是早上走的。"

"不，我们明天走。"辽尼亚说，"农场主席给了我们一架两轮车。"

夕阳照耀着老年女主人的勤劳的手种植在窗台上的红透了的番茄，夕阳也照着那些滋蔓在屋子前面的野花，也照着那些果子树，树干全刷得雪白，撑住了那茂密的枝条。在篱笆的栅门上，横着一个计划得很精致巧妙的门闩。在菜园子里，西瓜在绿叶丛中耀着金光，玉蜀黍的白黍粒绽出淡绿色的包皮外，大豆和豌豆的肥角沉甸甸地下垂，向日葵的圆圆的黑眼睛定定地在瞧。

马利亚·铁木菲也芙娜走进那被弃的房子。这房里，也是处处都留着安静生活的痕迹，都留着女主人的爱好整洁和爱花的痕迹。窗台上有盛开的玫瑰，碗橱顶上有柠檬的盆景，以及两盆枣椰树的移接的幼枝。

而且每一物件，屋子里的每一物件——曾为灼热的铁壶烫起了圆的黑印的厨房里的桌子，绘有白色雏菊的绿色的洗脸桌，放着从没用过的杯子的杯碟橱，挂在墙头的旧画片——这一切物件都诉说了这一座现在没有人住的屋子有过如此久长的历史，都诉说了祖父母以至在桌上留下了他们的教科书的孙儿女们曾经如何生活于斯，曾经度过了多少安静的严冬炎夏的的黄昏。而像这样的白色的乌克兰农舍，现在是成千的被放弃了，而建筑这些房屋的，在屋子周围种植树木的人们，现在都痛心疾首在黄尘扑面的大路上向东方撤退。

"老公公，你们这狗不要了么？"辽尼亚问。

"他们不要了，而今是我在照料它呢。"那老人说，突然掉下了眼泪。

"哭又有什么用呢？"马利亚·铁木菲也芙娜说。

"当真这是怎么一回事呀！"老人说，而且摇着手。

他用他那被劳作所毁损而发黑的指甲的手这么沉重地一摇，表示了生活的一切怎样地在周围整个儿崩溃了。

马利亚·铁木菲也芙娜匆匆忙忙回家去，苍白而瘦瘠的辽尼亚——他像他母亲那样单弱，不像他父亲——几乎追不上。

"奶奶，"他问着，"你以为鸡娃子是有脊梁的么？"

"不要多说，辽尼赤卡，不要多说话。"祖母回答。

她现在从这条街下来，心里是太痛苦了！就是走过这一条街，从前她坐了车到教堂里结婚。也是走过这一条街，从前她跟在棺材后边送过她母亲下葬，送过她父亲下葬，最后又送过她丈夫下葬。但明天，她不得不坐上车辆，挤在那些匆匆忙忙收拾起来的包裹中间，离开了她的家——她在这里做了五十年主妇的家，在这里生男育女的家，而也是在这里，文静的、懂事而灵敏的孙子辽尼亚来看望她。

而在这夕阳的温暖光线所照射的村子里，在白色的农舍，在芬芳的花圃,在可爱的果园,每个人都在低声耳语,说是直到河边一路上已经不见红军,说是从前当集体化运动的时候离开本村而到顿巴斯去的那个老头子柯青科最近又回来了,而且他吩咐他的老婆粉刷他们的住宅,像过复活节一样。而且老寡妇葛利扬斯卡雅站在井边见了人就说:

"听说土地又要重新分配了……"

诡谲而恶意的谣言传遍了整个村子。老年人走到街头,凝眸遥望那每晚牛羊群放牧归来在霞色的灰尘中一拥进村的方向,——在那边远远的树林的后边,从橡树林子里,德国人大概是在那里出现的罢。老妇人们啜泣叹气,在园子里或是屋子里挖掘地洞,埋藏她们所有的东西——被褥、毡靴、罐子和锅子,棉布的衣服——一边在埋藏,一边老是抬头望着西方。

但西方依然明净而安静。

(一)这一篇原是长篇小说《人民是不朽的》中的一章,叙述苏德战争中的故事,马利亚和其他的人都要离开本乡,因为德国军队快要打过来了。

(二)这里叙述马利亚说过"我打算老死在这里了"的话,可是现在不得不离开,已经够伤痛了。接着又叙她去拜访一家人家,那家的人先走了,留下的园场和房间那么丰美安适。又叙她走过那条街,那条街上留着她永远忘不了的记忆。这样反衬,伤痛更深。

(三)马利亚虽然伤痛,可是对华西里说了"哭又有什么用呢?"的话,从这一点上,可以看出她的性格。

撤 退（续）/格洛斯曼 著 茅盾 译

集体农场主席格利西成科走到老头儿柯青科那里，讨还一个月前借去的四只袋。

柯青科，一个又高又大，一部浓髯，六十五岁的老头儿，正坐在桌子边看那老太婆粉刷房子。

"晚安，"格利西成科说，"我来要回我的麻袋。"

柯青科却用嘲笑的口气问道：

"你准备好要出去旅行了么，主席先生？"

"要走了，不走不行。"格利西成科说，瞪眼看着老头儿。最近几天之内，这老头儿似乎腰挺得直些，头也抬得高些了。他的说话也变成含讥带讽，慢吞吞的，而且用了轻率的口吻招呼格利西成科。

"对，对，你一定得走。"柯青科说，"村苏维埃主席走了，办事的人们也都走了，记账员也走了，你们的人差不多全走光了，甚至于邮差也走了，农场的工作人员也走光了，那么你再不走干么？"

他纵声大笑了。

"你明白这是怎么一回事，至于麻袋，我不能还你了——你知道的罢，我的女婿拿去装了麦子到白井去了，要到后天才能回来呢。"

格利西成科点着头冷静地说：

"那就算了，不谈麻袋了。可是干吗你突然之间想到要粉刷你的房子？"

"粉刷房子么？"那老头儿随口顺了一句。他想对那集体农场主席说为什么他粉刷房子。但是，小心而鬼祟，惯于隐藏秘密的他，即使在这时候也还有所顾忌。"他们也还能够抓住我枪毙我呢，谁敢担保呀。"他这样想。虽然现在西方依然平静无事，虽然集体农场主席还在挨户巡视，可是柯青科已经快活得心里发痒，他只想立刻就把心里存蓄已久的东西宣布出来，把他在冬天的长夜中所想的一切——是连他自己的老婆也从没有听他说过的——都一下宣布出来。大约四十年前，有一次他去看望他的叔叔，叔叔是在一个爱沙尼亚富农家里帮工的。从此以后，他就不能忘记那富农的巨大的饲养家畜的院子，那蒸汽机器的磨房，那家主本人，一个矮登登，结结实实，留着一把大胡子，穿着件大红面子的皮袄子的老头儿。他记得，如何到森林里看那些雇工在砍伐树木，那主人如何从衣袋里取出一个瓶，如何旋开瓶盖喝着瓶里的不知是什么红棕色的浆果浸渍的伏特加(俄国酒)。这不是商人，也不是贵族地主，不是，他也不过是个乡下人，庄稼人，然而是一个有钱有势的土老儿。从那时起，柯青科就梦想自己也成为那样一个富农，有美丽的褐色的母牛，一大群的羊，几百头口里泛红的肥猪，雇用了数十个又强壮又驯顺的长工替他做活。他刻薄吝啬，孜孜不倦地，一心一意要实现他这梦。到了一九一九年，他已有六十俄亩的地，他也有了一个机器碾谷房，然而革命来了，捣碎了他的好梦。他的两个儿子加入红军，内战时死于战场，柯青科不许他的老婆把这两个儿子的照片挂在墙上。他等待机会，他一天一天挨着，他仍在盼望。一九三一年他到顿巴斯，在煤矿里做了八年的工。然而他那富农的美梦并没死灭。

可是现在他认为他所等待的那一天终于来了，而他的美梦将终于成为事实了。

有好多年，柯青科自讨苦恼，为了对于乞列特尼成科老太太的嫉妒。他看到了应该是他在沙皇政权下享受的尊荣，却在革命后被这老太婆以劳动的生活获得了。人家常用汽车接她进城去，她常常在戏院里演说。每逢在本县的报纸上看到了这位老太太的相片，柯青科总不能心平气和——这位肩头披着黑巾，薄薄嘴唇的老太太，她那一对聪明而又严厉的眼睛在注视着他，而且，(他以为)好像在笑他。"嘿哼，柯青科，你的生活不对。"那相片似乎在这样说。每逢看见了这位老太太泰然自得地在田里工作，每逢听得邻舍们说："铁木菲也芙娜到基辅看她的儿子去了，是一个中尉副官开了蓝色的小包车来接她的。"柯青科就又妒又恨，几乎要发狂。

但现在，柯青科知道自己不是白等了这许多年，而证明了生活得对的不是铁木菲也芙娜而是他柯青科了。他这一把很像那个爱沙尼亚富农的大胡子不是白长的了，他没有白白等候，他没有空盼望了一场。

于是他看了那集体农场主席一眼，(主席正在不转睛地打量着他)压住了感情冲动，并且安慰着自己，在心里说道："耐一下，耐一下罢——那么多年岁你都耐过来了，现在不过再忍耐一两天罢了，只不过一天了。"

"我不知道。"他打了个呵欠说，"我不知道，干吗在这时候这女人竟会想起来要粉刷房子了。女人们一旦想起了一个念头，你简直拿她没有办法。"

他送主席到门外，而且站在那里望着那没有人的大路许多时光。一边望着，一边却有些又窝心又带刺激性的念头在他脑中搅动：

"乞列特尼成科的房子是造在我的地皮上的，这就是说，这座房子属于我了；如果她还要住下去，她非出租金不可，租金得付硬币……集体农场的马房是造在我的地皮上的，那么，马房也是我的了……集体农场的果园也设在我的地皮上，那么，那些樱桃树和苹果自然也归我了……还有，集体农场的蜜蜂也该归我——我可以证明，革命以后他们拿去了我的蜂房……"

大路上依然静悄悄，依然不见有人，依然尘土不扬，路旁的树木连枝叶也没有作声。那浑圆，火红的，不慌不忙的太阳，沉下了地平线去了。"呵，这一天到底来了呵。"柯青科想着。

（一）这里专写柯青科。他是个不能适应集体生活的人，革命之后，常怀忌恨。现在德国军队打过来了，他以为社会秩序又将改变，所以心中暗自欢喜。

（二）柯青科对集体农场主席说"你明白这是怎么一回事"，他这话是什么意思？他"只想立刻就把心里存蓄已久的东西宣布出来"，那存蓄已久的东西是什么？

野 草 /夏衍

有这样一个故事。

有人问：世界上什么东西的气力最大？回答纷纭的很，有的说是象，有的说是狮子，有人开玩笑似的说，是金刚。金刚有多少气力，当然大家全不知道。

结果，这一切答案完全不对，世界上气力最大的是植物的种子。一粒种子可以显现出来的力，简直是超越一切的。这儿又是一个故事。

人的头盖骨结合得非常致密、坚固，生理学家和解剖学者用尽了一切的方法，要把它完整地分开来，都没有成功。后来忽然有人发明了一个方法，就是把一些植物的种子放在要剖析的头盖骨里，给与温度和湿度，使种子发芽。一发芽，这些种子便以可怕的力量，将一切机械力所不能分开的骨骼，完整地分开了。植物种子力量之大如此。

这也许特殊了一点，常人不容易理解。那么，你见过被压在瓦砾和石块下面的一棵小草的生成吗？它为着向往阳光，为着达成它的生之意志，不管上面的石块如何重，石块与石块之间如何狭，它总要曲曲折折地，但是顽强不屈地透到地面上来。它的根往土里钻，它的芽往地面挺，这是一种不可抗的力，阻止它的石块结果也被它掀翻。一粒种子力量之大如此。

没有一个人将小草叫做大力士，但是它的力量之大，的确世界无比。这种力是一般人看不见的生命力。只要生命存在，这种力就要显现，上面的石块丝毫不足以阻挡它，因为这是种"长期抗战"的力，有弹性，能屈能伸的力，有韧性，不达目的不止的力。

如果不落在肥土中而落在瓦砾中，有生命力的种子决不会悲观，叹气，它相信有了阻力才有磨炼。生命开始的一瞬间就带着斗志而来的草才是坚韧的草，也只有这种草，才可以傲然对那些玻璃棚中养育着的盆花嗤笑。

(一)种子的力量很大，是观察而后悟出的。只要多方观察，仔细观察，就可以悟出种种道理。

(二)为什么玻璃棚中的盆花该被嗤笑？

玻璃棺材 /柏吉尔 著 顾均正 译

"小朋友,我们今天讲玻璃棺材的故事。

"乌拉·波拉,这是格林的童话,我们早就听过了,是讲小白雪给矮人放在一具玻璃棺材里。

"可是我告诉你们,我这个故事是你们不曾听过的。我所讲的玻璃棺材里,并不躺着小白雪或是别的美丽女郎。停一会儿,那具棺材就放在我的大橱里,你们可以亲自去看,其中究竟躺着些什么东西。但是你们先得听听这个故事。我们吃糊子,吃饼儿,总不能先把馅子挖出来吃。"

小朋友们坐下来,猜不透这位老人究竟讲什么东西。

"我的故事开始在很久很久以前,约摸算来,总有好几千年了。

"一个美丽的夏天,太阳从蔚蓝的天空中暖暖地照下来。海在很远的地方奔腾怒吼。绿叶在树顶上飒飒作响。这个故事就发生在一个大森林的附近。

"一只可爱的小苍蝇,生着柔嫩的翅膀,趁着太阳光,在花草间快乐地飞舞。不知怎么一来,她突然展开翅膀,嗡嗡地穿过草地,飞进树林去了。那里长着许多大松树,高插云霄,太阳正照得火热,可以嗅到一股松脂的香味。

"这只小苍蝇停在一株大松树上歇力。她伸起腿来拂刷她的翅膀和生着红眼睛的圆头,因为飞行大半天,身上已积满了尘沙。

"这时候,忽然有个可怕的蜘蛛划着长长的腿慢慢地爬过来,想把这只苍蝇捉来当一顿美餐。它小心地搬动它的长腿(要搬动这八条腿,真不是件容易事情),慢慢地沿着树干,离小苍蝇越来越近了。

"蜘蛛把这件事情仔细盘算一下。'啊呀!'他想,'这位小姑娘分量并不多,除去一双绿翅膀,一对触须,剩下来的就很少了。不过知足不辱,就是这一点小小的天惠,也应该知道感谢。要是我不留心,她的大眼睛看见了,振翅飞去,我的美餐便要落空,说不定会饿上一天呢。'

"小苍蝇太爱虚荣,像所有的女人一样。她不住地刷她的绿翅膀,身体左弯右袅,像小猫一样地东舔西舔,一点也不知道敌人愈来愈近了。

"当蜘蛛正要猛扑时,突然发生了一件恐怖的事情。

"日中的太阳光热,威逼着整个树林,老松树上渗出了厚厚的松脂,在阳光中闪闪地发出金黄的光彩。忽然有一大滴松脂从树上掉下来,刚好落在树干上,把苍蝇和蜘蛛一齐埋了。

"苍蝇的新装和蜘蛛的美餐都完了;朋友和敌人一齐淹没在老树的黏稠的黄色泪珠里;它们前俯后仰地挣扎了一番,终于免不了一死。

"新鲜的松脂继续落下来,盖住了原来的,最后积成很大的一块,把这一对昆虫包裹在里面,像一具透明的棺材。

"但是世界的历史悄悄地一页一页翻过去,凡是不得不发生的事情都一一发生了。几十年,几百年,几千年的时间一转瞬都成过去。许多新的夏天,以及几千万的绿翅苍蝇与八足蜘蛛,都来了又去了。谁也不会想到许久许久以前,有一对昆虫被埋在一滴松脂里,悬挂在一株老树上。

"后来又有变故发生了。陆地渐渐沉下去,大量的海水跑上了陆地,这就是波罗的海。海水渐渐行近这个古老的森林,有一天,竟把森林淹没了。波浪不断地向树干冲刷,甚至把树干连根拔起,树渐渐断绝了生机。海风在死树顶上高歌,歌颂他们的胜利,老树干在水底下呜咽,哀悼他们老家的毁灭。

"所有波罗的海咆哮的地方,从前曾经有个大森林,至于这株挂着松脂球的老树干也给波浪吞没了,给海沙掩覆了,终至完全腐烂了。剩下来的只有那颗松脂球,掩埋在海沙下面。

"又是千余年过去了。偶然海面吹过一阵猛烈的风,澎湃的波涛把海里的泥沙卷到了岸边。一个穷苦的渔夫同他的儿子在海滩上徘徊,想寻找几千年前老松树所掉下来的各式各样的松脂球。这种松脂球已成了黄色的化石,人家叫它'琥珀',把它做成珠串或耳环,十分宝贵。

"那孩子赤着脚,踢着了沙土里的硬硬的东西,然后把它掘起来。

"'爸爸,你看,'他快活地叫道,'我找到一颗了。我想,该值十八个银便士吧。'

"他的父亲把琥珀接在手里,揩去了泥沙,放在太阳光中照着。

"'好运气,孩子,'他欢天喜地地说,'有两个小东西被关在这具玻璃棺材里,一个苍蝇和一个蜘蛛。在格赖夫斯华尔特的读书人,都愿意出了金币向我们收买呢。琥珀里有两个小虫,这是少见的。'

"在格赖夫斯华尔特的读书人果然把这具玻璃棺材收买了下来,后来辗转到老乌拉·波拉手里。现在我们大家来看罢。看两个小虫还是好端踹地躺在里面,正像几千年前它们临死的时候一样。苍蝇小姐在那里刷她的新装,凶狠的蜘蛛在那里想吃一顿美餐。我们可以看见它们身上的每一根毫毛,和它们怎样直挺着腿子死去。又可以看见它们在黏稠的松脂里怎样无可奈何地挣扎着,因为在它们腿子四周,显出好几圈黑色的圆环。我们从此可以探测发生在近一万年前的故事的详细情形,正如发生在目前的一样,并且可以知道,就是远在那个时代,世界上早已有可爱的苍蝇和可恶的蜘蛛了。是的,这个世界实在很老很老了。"

(一)读了这一篇文章，可以想得很远。陆地变为海洋了，好几千年前的昆虫保留下来了，这些事情都新鲜，也都是实在的。如果感兴趣，可以多方学习，求知一些历史书以前的历史。

(二)如果不用故事体，这一篇该怎么说？能够简要的说出来吗？

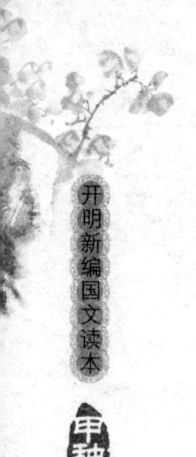

泅 水 /萨洛扬 著 吕叔湘 译

那些河一年里头倒有大半年是干的，可是到了那不干的时候啊，就是翻翻滚滚的。山上的雪一化，河里就翻腾起来，而且来了许多蛤蟆呀、甲鱼呀、水蛇啊，各种各样的鱼儿啊，天知道是打哪儿钻出来的。春天一到，河里的水涌了起来，人的心也跳了起来；到了田里绿变做黄，树上花结成果，煦日化为骄阳的时候，河里的水就慢了下来，人的心也就懒了下来。

那初从山上下来的水是冷的，急的，叫人怕的。水冷，太急，不会叫孩子们一见就想往下跳。不管是独自个儿还是大伙儿，一个孩子要站在河沿上，看那水看够几分钟，让它挑战挑得受不住了，这才脱下衣裤远远地跑来一个猛子扎进去，喘着气冒出水面，泅到对岸。要是大伙儿的话，一个一钻，别的人也就一个个跟在后面泅过去，为的是免得走回去的时候脸上没光彩。不能正式地泅一阵，不但因为水冷。尤其是因为水太急，孩子们撑不住。春天的水比什么都不客气。

四月里有一天，我跟我的堂兄摩拉德，还有他的一个朋友裘，三个人一同到汤普逊河去。裘·伯顿考尔是个葡萄牙种的孩子，他最爱在野外玩儿。课堂能叫他笨拙。他让它拘住了，窘住了。只要一出学堂门儿，他就聪明起来，和气起来，从容起来，诚恳起来，够朋友起来，不比谁差点儿。我的堂兄摩拉德说的好，裘不是个蠢才——他只是不要受教育罢了。

那天是星期六，早晨。我们一个人带两个香肠饼，三个人又凑合着有一块钱。我们决意走了去，大概到那儿正是晌午时候，天气正暖和。我们沿铁路走到加尔瓦。沿公路走到麻拉加。折过来往东穿过一些葡萄田就到了河边。我们说到汤普逊河的时候，我们意思里是有个一定的地方的。是在那两条大路相交的地方，有一座木桥，还有个栅门。泅水的地方在桥的南边儿。河的西边是一个大牧场，有好些个牛马在那儿啃草。河的东边就是大路。那条路沿着那条河有好几里。水是朝南淌的，下去有五里路才有第二座桥。在夏天，非得要顺流而下到了第二座桥，在牧场里歇息一会儿，又逆流而上回到原地方（够费劲的），那天的泅水才算是功德圆满。

等我们到了汤普逊河的时候，那早晨的晴朗天气已经变成阴沉幽暗，完全是冬天的景象；事实上是风雨欲来的样子。水在那儿吼，天空由灰色转成黑色，空气冷冰冰的，四围的景色寂寞而凄凉。

裘说："我这么大远的跑来，为的是泅水，下雨也罢，不下雨也罢，我要泅。"

"我也是这么说。"我说。

"你等着，"我的堂兄摩拉德说，"我跟裘下去看看怎么样。要是没有什么，你再下来。你当真会不会泅啊？"

"要你多嘴。"我说。

这是我的口头语，只要我觉得谁无意之间欺负了我，我就这一句。

"你到底会不会？"裘说。

"当然会的。"我说。

"你别问他，"摩拉德说，"你要问他，他什么都会。外带做得比谁都强。"

其实他们两个全不知道我到底怎么样。要能一个猛子扎进水里，再泅过那冰冷怒吼的大片的水，我是一点儿把握也没有。说实话，我一见那黑黢黢的吼着的水，早让它吓住，让它挑战让它欺负了。

"要你多嘴。"我对河里的水说。

我拿出一个饼来，咬了一口。我的堂兄摩拉德一下打在我的手背上，差点儿把饼打到水里去。

"咱们泅了水再吃，"他说，"你要转筋吗？"

我简直的忘了。我让那水挑战挑慌了。

"一个香肠饼不会叫人转筋的。"我说。

"泅了水再吃，滋味好些。"裘说。

裘是个好人。他知道我害怕，他知道我是说大话壮胆。我知道他也害怕，可我知道他比我镇静，比我会拿主意。

"让我来看，"他说，"咱们泅过去，歇一歇，泅回来，穿上衣服，吃饼。要是雨势还不散，就回家去。要是不会有雨了，就再泅一会儿。"

"这阵雨是不会散的。"我的堂兄摩拉德说，"咱们要泅就得快点儿泅，泅了就回家。"

说话的当儿，裘已经在那儿脱衣裳了。摩拉德也脱了衣裳，我也脱了衣裳。我们三个人光着背站在河沿上，望着那不怀好意的水。这个水自然不像是邀人一猛子扎下去的水，可是除了扎猛子再没有第二种有体面的办法。要是一步步走水，那你就不算是泅水。要是两脚先跳下水，那虽不算丢脸，可是不成个气派。要是往里头扎罢，那水可真没味儿，简直的不客气，不引人，凶神恶煞的。可是挑战。越是水急，越是觉得那水面儿宽。

裘一声儿不言语，一个猛子扎了进去。摩拉德一声儿不言语，也钻丁进去。泼剌泼剌两声之间那一两秒钟倒像是冬夜的梦里的长长的日子，因为我不但害怕，而且冷极。带了一肚子说不出的话，我也钻了进去。

三秒钟之后，我只听见裘在叫唤，摩拉德在叫唤。原来我们三个人全都钻进了泥巴，两只手陷在里头，直到胳膊肘儿，好容易拉了出来，浮上水面，这一个不知道那两个怎么样，那一个不知道这两个怎么样。我们三个人站在那又冷又闹的水里，泥巴没到膝盖。

我们是站着扎猛子下去的。要是远远跑来往水里一钻，我们准是倒栽葱栽在泥巴里，单露一双脚在外头，一直到夏天，也许到秋天。

我们一面想着害怕，一面又庆幸还留着三条活命。

我们站在河泥里的那一刻儿，雨下来了。

"好，"裘说，"咱们反正免不了淋雨了，咱们何妨在水里多待一会儿。"

我们全都冷得发抖，可是似乎要争口气泅它一下才像句话。水连三尺深都没有；可是裘毕竟设法跳出了泥巴，泅到对岸，又泅了回来。

我们像是泅了很有一会儿工夫，实际大概也不过十分钟。这才跳出水和泥巴，穿上衣裳，站到一棵树底下去吃我们的饼。

那雨不但不停，竟越下越大了，我们就决定立刻动身走回家。

(一)文中把孩子又胆怯又好胜的心理写了出来。

(二)裘和摩拉德一声儿不言语，就扎了进去，正同"我"一样的忍性硬干。

风筝 / 鲁迅

　　北平的冬季，地上还有积雪，灰黑色的秃树枝丫杈于晴朗的天空中，而远处有一二风筝浮动，在我是一种惊异和悲哀。

　　故乡的风筝时节，是春二月，倘听到沙沙的风轮声，仰头便能看见一个淡墨色的蟹风筝或嫩蓝色的蜈蚣风筝。还有寂寞的瓦片风筝，没有风轮，又放得很低，伶仃地显出憔悴可怜模样。但此时地上的杨柳已经发芽，早的山桃也多吐蕾，和孩子们的天上的点缀相照应，打成一片春日的温和。我现在在哪里呢？四面都还是严冬的肃杀，而久经诀别的故乡的久经逝去的春天，却就在这天空中荡漾了。

　　但我是向来不爱放风筝的，不但不爱，并且嫌恶，因为我以为这是没出息孩子所做的玩艺。和我相反的是我的小兄弟，他那时大概十岁内外罢，多病，瘦得不堪，然而最喜欢风筝，自己买不起，我又不许放，他只得张着小嘴，呆看着空中出神，有时至于小半日。远处的蟹风筝突然落下来了，他惊呼，两个瓦片风筝的缠绕解开了，他高兴得跳跃。他的这些，在我看来都是笑柄，可鄙的。

　　有一天，我忽然想起，似乎多日不很看见他了，但记得曾见他在后园拾枯竹。我恍然大悟似的，便跑向少有人去的一间堆积杂物的小屋去，推开门，果然就在尘封的杂物堆中发现了他。他向着大方凳，坐在小凳上，便很惊惶地站了起来，失了色瑟缩着。大方凳旁靠着一个蝴蝶风筝的竹骨，还没有糊上纸，凳上是一对做眼睛用的小风轮，正用红纸条装饰着,将要完工了。我在破获秘密的满足中,又很愤怒他的瞒了我的眼睛,这样苦心孤诣地来偷做没出息孩子的玩艺。我即刻伸手折断了蝴蝶的一支翅骨,又将风轮掷在地下,踏扁了。论长幼,论力气,他是都敌不过我的,我当然得到完全的胜利,于是傲然走出,留他绝望地站在小屋里。后来他怎样,我不知道,也没有留心。

然而我的惩罚终于轮到了,在我们离别得很久以后,我已经是中年。我不幸偶而看了一本外国的讲论儿童的书,才知道游戏是儿童最正当的行为,玩具是儿童的天使。于是二十年来毫不忆及的幼小时候对于精神的虐杀的这一幕,忽地在眼前展开,而我的心也仿佛同时变了铅块,很重很重的堕下去了。

但心又不竟堕下去而至于断绝,它只是很重很重地堕着,堕着。

我也知道补过的方法的:送他风筝,赞成他放,劝他放,我和他一同放。我们嚷着,跑着,笑着——然而他其时已经和我一样,早已有了胡子了。

我也知道还有一个补过的方法的:去讨他的宽恕,等他说"我可是毫不怪你啊"。那么,我的心一定就轻松了,这确是一个可行的方法。有一回,我们会面的时候,是脸上都已添刻了许多"生"的辛苦的条纹,而我的心很沉重。我们渐渐谈起儿时的旧事来,我便叙述到这一节,自说少年时代的糊涂。"我可毫不怪你啊",我想,他要说了,我即刻便受了宽恕,我的心从此也宽松了罢。

"有过这样的事么?"他惊异地笑着说,就像旁听着别人的故事一样。他什么也不记得了。

全然忘却,毫无怨恨,又有什么宽恕可言呢?无怨的恕,说谎罢了。

我还能希求什么呢?我的心只得沉重着。

现在,故乡的春天又在这异地的空中了,既然给我久经逝去的儿时

的回忆，而一并也带着无可把握的悲哀。我倒不如躲到肃杀的严冬中去罢——但是，四面又明明是严冬，正给我非常的寒威和冷气。

（一）做错了的事往往难以补救，因为人与事时时在那里变化，前后不会完全一个样儿。这一篇说的就是这层意思。

（二）既知追悔，却无可补救，只有让心永远沉重着，所以作者说是"惩罚"。

伦敦的动物园 /朱自清

动物园在摄政园东北蹄角上，属于动物学会，也有了百多年的历史。搜集最完备，有动物四千，其中哺乳类八百，鸟类二千四百。去逛的据说每年超过二百万人。不用问孩子们去的一定不少；他们对于动物比成人亲近得多，关切得多。只看见教科书上或字典上的彩色动物园，就够捉摸的，不用提实在的东西了。就是成人，可不也愿意开开眼，看看没看过的，山里来的，海里来的，异域来的，珍禽，奇兽，怪鱼？要没有动物园，或许一辈子和这些东西都见不着面呢。再说像狮子老虎，哪能随便见面！除非打猎或看马戏班。但打猎遇着这些，正是拼死活的时候，哪里来得及玩味它们的生活状态？马戏班里的呢，也只表演些扭捏的玩艺儿，时间又短，又隔得老远的；哪有动物园里的自然，得看？这还只说的好奇的人；艺术家更可仔细观察研究，成功新创作，如画和雕塑，十九世纪以来，用动物为题材的便不少。——近些年电影里的动物趣味，想来也是这么培养出来的；不过那却非动物园所可限了。

伦敦人动物园的趣味很大，有的报馆专派有动物园的访员，给园中动物作起居注，并报告新来到的东西：他们的通信有些地方就像童话一样。去动物园的人最乐意看喂食的时候，也便是动物和人最亲近的时候。喂食有时得用外交手腕，譬如鱼池吧，若随手将食撒下去，让大家来抢，游得快的，厉害的，不用说占了便宜，剩下的便该活活饿死了。这当然不公道，那一视同仁的管理人一定不愿意的。他得想法子，比方

说，分批来喂，那些快的，厉害的，吃完了，便用网将它们拦在一边，再照料别的。各种动物喂食都有一定钟点，著名的裴罗克《伦敦指南》便有一节专记这个。孩子们最乐意的还有骑象、骑骆驼(骆驼在伦敦也算异域珍奇)。再有，游客若能和管理各动物的工人攀谈攀谈，他们会亲切地讲这个那个动物的故事给你听，像传记的片段一般；那时你再去看他说的那些东西，便更有意思了。

园里最好玩儿的事，黑猩猩茶会，白熊洗澡。茶会夏天每日下午五时半举行，有茶，有牛油面包。它们会用两只前足，学人的样子。有时"生手"加入，却往往只用一只前足，牛油也是它来，面包也是它来；这种虽是天然，看的人倒好笑了。白熊就是北极熊，从冰天雪地里来，却最喜欢夏天，越热越高兴，赤日炎炎的中午，它们能整个儿躺在太阳里。也爱下水洗澡，身上老是雪白。它们伏在熊台上，有深沟为界；台旁有池，洗澡便在池里。池的一边，隔着一层玻璃可以看它们载浮载沉的姿势。但是一冷到华氏表五十度下，就不肯下水，身上的白雪也便慢慢让尘土封上了。

非洲南部的企鹅也是人们特别乐意看的。它有一岁半婴孩这么大，不会飞，会下水，黑翅膀，灰色胸脯子挺得高高的，昂首缓步，旁若无人。它的特别处就在乎直立着。比鹅大不了多少，比鸵鸟，鹤，小得多，可是一直立就有人气，便当另眼相看了。自然，别的鸟也是直立着的，可是太小了，说不上。企鹅又拙得好，现代装饰图案有用它的。只是不耐冷，一到冬天，便没精打彩的了。

鱼房、鸟房也特别值得看。鱼房分淡水房、海水房、热带房(也是淡水)。屋内黑洞洞的，壁上嵌着一排镜框似的玻璃，横长方，每框里一种鱼，在水里游来游去，都用电灯光照着，像画。鸟房有两处，热带房里颜色声音最丰富，最新鲜；有种上截脆蓝下截褐红的小鸟，不住的飞上飞下，不住的咭咭咕咕，怪可怜见的。

这个动物园各部分空气光线都不错，又有冷室温室，给动物很周到的设计。只是才二百亩地，实在施展不开，小东西还罢了，像狮子老虎老是关在屋里，未免委屈英雄，就是白熊等物虽有特备的台子，还是局促得很；这与鸟笼子也就差得有限了。固然，让这些动物完全自由，那就无所谓动物园；可是若能给它们较大的自由，让它们活得比较自然些，看的人岂不更得看些。所以一九二七年上，动物学会又在伦敦西北惠勃司奈得地方成立了一所动物园，有三千多亩；据说，那些庞然大物自如多了，游人看起来也痛快多了。

　　(一)说话或是作文，每一节都得有个主题。这一篇尤其清楚。你能把每节的主题说出来吗？

　　(二)第一节里说成人也爱逛动物园的理由，末一节里说动物园还不够大，都发了议论，这些议论都入情入理。

人日谈劳动 / 柏 寒

似乎是民国九年吧，《新青年》杂志为了"五一节"出了厚厚的一本纪念号，那时候"五一节"刚刚传到中国来，自然是很新鲜的。在那本纪念号里，吴稚晖先生有一节文章，把"五一节"叫做"人日"。他的意思是：人之所以为人，全靠劳动，有了劳动，才有文明的世界，才有社会的幸福，因此"劳动节"这一天就是纪念做人的日子。我记得蔡元培先生也写过一篇文章，题目叫做《劳工神圣》，大概是说世界全由劳工造成，所以劳工的地位非常重要，我们应当打破旧社会的观念，不要以为劳工是下品，唯有读书高，应知新时代的人，读书的也要劳动，劳动的也要读书，劳工的地位是神圣的。他们两位先生所说的，恰好都阐扬了国父"双手万能"的道理。国父主张民生主义，是提倡造产的。产怎样造？他提出了四个字："双手万能。"

照吴、蔡两位先生的说法，"五一节"不但和工人有关系，而且是每个人应当纪念的，因为谁都有一双手，谁都应当劳动，所谓劳动不一定是做粗工，就是气力用得不多的工作，只要用了精神动了手的，又是对于大众有益处的，都是我们应当提倡的劳动。我们各人应当选择一种适合自己能力的来做。

三民主义的理想，只是要使人人能够各尽所能，各取所需。而各尽所能尤其是根本，假如不各尽所能，那所需的东西又从哪里来呢？各尽所能就是大家劳动，实行造产——有的当技师，有的当工人，有的当管理员，那倒可以无分彼此的。现在世界上没有太平，人们不免要把一部分劳动去制造战争用的凶器。至于将来，人们的劳动就全部要生产养民的东西，供应衣、食、住、行、育、乐的需要。

为了达到这种理想，这时候我们不能不集中力量来铲除扰乱世界和平的日德法西斯恶魔。为了争取这回战争的胜利，这时候我们不能不使一部分人在前方打击敌人，一部分人在后方努力生产。归根结底一句话，还是"双手万能"。一个人的双手似乎还看不出怎样万能，千百万人的双手集合起来，就明明白白是万能的了。凭大家的双手，可以扑灭凶恶的法西斯魔王，可以造成民有、民治、民享的新中国。大家努力吧！

（一）"有了劳动，才有文明的世界，才有社会的幸福。"试举些实例来证明这句话。

（二）"千百万人的双手集合起来，就明明白白是万能的了。"这句话你能加以阐明吗？

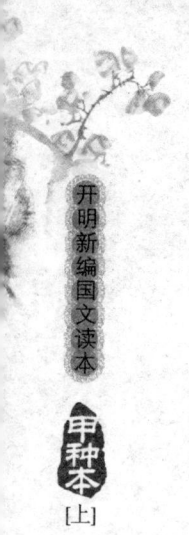

怀疑与学问 / 顾颉刚

"学者先要会疑。"

——程颐

"在可疑而不疑者,不曾学;学则须疑。"

——张载

  学问的基础是事实和证据。事实和证据的来源有两种:一种是自己亲眼看见的,一种是听别人传说的。譬如在国难危急的时候,各地一定有许多口头的消息,说得如何凶险,那便是别人的传说,不一定可靠。要知道实际的情形,只有靠自己亲自去观察。做学问也是这样,最要紧最可靠的材料是自己亲见的事实证据;但这种证据有时候不能亲自见到,便只能靠别人的传说了。

  我们对于传说的话,不论信不信,都应当经过一番思考,不应当随随便便就信了。我们信它,因为它"是";不信它,因为它"非"。这一番事前的思索,不肯随便轻信,便是怀疑的精神,做一切学问的基本条件。我们听说古代有三皇、五帝,便要问:这是谁说的话?最先见于何书?书是何时人著的?著者何以知道?我们又听说"腐草为萤",便要问:死了的植物如何会变飞动的甲虫?有什么科学根据?我们若能这样追问,一切虚妄的学说便不攻自破了。

  我们对于不论哪一本书,哪一种学问,都要先经过怀疑,因怀疑而思索,因思索而辨别是非。经过怀疑、思索、辨别三个步骤以后,那本书才是我的书,那种学问才是我的学问。否则便是盲从,便是迷信。孟子所谓"尽信书不如无书",也就是教我们有一点怀疑的精神,不要随便盲从或迷信。

怀疑不仅是消极方面辨伪去妄的必要步骤,就是积极方面建设新学说,获得新发明,怀疑精神也是基本条件。对于别人的话都不打折扣的承认,那是思想上的躲懒。这样的脑筋永远是被动的,永远不能做学问。只有常常怀疑,常常发问的脑筋才有问题,有问题才想求解答。在不断的发问和求解中,一切学问才会进步,许多大学问家大哲学家都是从怀疑中锻炼出来的。清代的一位大学问家戴震,幼时读朱子的《大学·章句》,便问《大学》是何时的书,朱子是何时的人。塾师告诉他《大学》是周代的书,朱子是宋代的大儒,他便问宋代的人如何能知道一千多年前的著者的意思。法国的大哲学家笛卡尔也说:"我怀疑,所以我存在。"他的哲学就建设在对于万事万物的怀疑和明辨上。一切学问家,不但对于流俗传说,就是对于过去学者的学说也常常要抱怀疑的态度,常常和书中的学说辩论,常常评判书中的学说,常常修正书中的学说。要这样才能有更新更善的学说产生。古往今来科学上新的发明,哲学上新的理论,美术上新的作风,都是这样来的。如果后来的学者都墨守前人的旧说,那就没有新问题,没有新发明,一切学术就停滞了,人类的文化也就不会进步了。

(一)思想上躲懒,对于自己对于社会有什么害处?

(二)经过怀疑、思索、辨别三个步骤以后,认为"是"的,那就信它。信了以后又该怎么样?

子产执政 /张荫麟

子产知道那习于因循苟且的郑国，非经过一番革新整饬，不足以应付危局。他把全国的田土重新勘定疆界，划分沟洫。把侵占的充公，或者归还原主。规定若干家为一个合作的单位，若干家共用一口井。令诸色人等各有制服。编定刑法，铸成刑书，向人民公布。把军赋增加，以充实郑国的自卫力。为着这些，尤其为着田赋的事，他不知受了多少咒骂。但他一概不管，他说：苟有利于国家，生死不改。

但子产对于舆论从不肯加以干涉。当时都中有一处公共场所，叫做"乡校"（大约是供乡射的地方），人民时常聚集其中，议论执政。有人劝子产，何不把乡校毁掉。子产说：为什么？人家早晚到那里闲坐，议论执政的长短，正是我的老师。为什么要把乡校毁掉？我听说忠爱可以减少怨恨，没听说威吓可以防止怨恨。若用威吓，固然可使怨声暂时停止，但民怨像大川一般，堤防虽密，一旦溃决，便不知要伤多少人，那时抢救也来不及了。不如留些少缺口，给它宣泄；不如让我受些谤言，以作药石。

子产从政一年后，人民唱道：

取我衣冠而褚(贮)之！取我田畴而伍之！

孰杀子产，吾其与之！

过了二年，人民又唱道：

我有子弟，子产诲之。

我有田畴，子产殖之。

68

子产而死,谁其嗣之!

子产的政令,说得出就要做到;若行不通,他就干脆不说。有一回,大夫丰卷为着供祭祀,要举行狩猎,子产不准。丰卷大怒,回去便征调人民。子产马上辞职,向晋国出走。幸而当时郑国最有势力的罕氏子皮拥护子产,把丰卷驱逐了,子产才复职,却保留了丰卷的田产。过了三年,召他回国,把田产还他。

子产对于传说的迷信,毫不迁就。有一次,火宿(即心宿)出现不久,接着起了一阵大风。祝官裨灶说了一阵鬼话之后,请求子产拿宝玉去禳祭,以为否则郑国将有大火。子产不听。凑巧在几天之后,郑都有一家失火。灾后,裨灶又请求子产拿宝玉去禳祭,以为否则又将有大火。子产还是不听。郑人纷纷替裨灶说话,连子产的同僚也来质问。子产答道:天象远,人事近,彼此是不相关涉的。怎能靠天象预知人事?而且裨灶哪里懂得天象!他胡说得多了,难道不会偶中?次年,郑都大水。郑人纷传洧渊有二龙相斗,请求祭龙。子产不许,答道:我们争斗碍不着龙,为什么龙争斗却碍着我们?上面讲的都是子产在内政上的措施。但最费他心力的还是对外的问题。在这方面,他集中了全国的人才。当时冯简子最能决断大事;游吉长得秀美,举止又温文,宜于交际;公孙挥熟悉外国的情形,又善于措词;裨谌最多谋略,但他要在野外想才能想出好计,回到城中便如常人一般。子产遇着外交大事,大抵先向公孙挥询问外国的情形,并令他把该说的话多多预备。然后和裨谌乘车到野外筹画。筹画所得,请冯简子决断。办法决定了,便交游吉去执行。因此郑国在外交上很少吃亏。

(一)"子产不毁乡校"是个有名的故事。历来遇到压迫舆论的措施,谏劝和反对的人常常引用它。

(二)人民的第一个歌,表示对于子产改革政治的反感。待唱第二个歌,那已经受到政治改革的好处了。

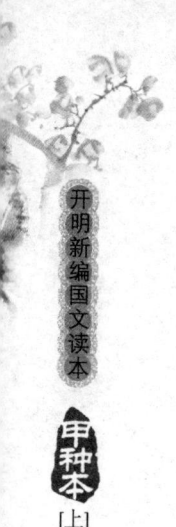

太行山的西麓 /丁文江

浮山和蒙山都在太行山的西边，但是距低地还有三公里至六公里。这一边的坡度很小，所以从西向东，路并不十分难走。坡脚就是出铁矿的岩石，再向西是一条南北的低地，从平定以北的义井起，到昔阳以南的柴岭止，长约四十余公里，宽约七八公里。在昔阳以北最宽。向南到柴岭，渐渐地变为南河的狭谷。所有重要的村落、城市和煤矿都在这低地之中。低地的面上大部分是黄土。因为有许多河沟，所以并不是个平原。不过河沟不深，岭与谷的高度，相差最多不过几十公尺。

从平定到昔阳的低地向西，是一个黄红砂石的高原。平均比低地高出二百公尺左右。高原上的山岭，都是比较硬一点的石层所成，从东望去，大部分是接连的长岭，与太行山里有石灰岩高峰的长岭完全不同。这种长岭全是自南向北的。从浮山和蒙山望得见的最远的一条，在低地中心以西十五六公里，高出低地四五百公尺，大概就是高原最高的部分。高原与低地的分界是一条极其弯曲的南北线，和太行与低地的界线大不相同。因为高原的东坡有许多河沟，向东流入低地，在两条河沟之间，高原伸一条东西长岭插入：在平定西南，南川河北岸的是冠山；南川河南，马房河北的是石钟山；马房河和北河之间的是药岭和凤火岭。高原上面树木极少，土地极瘠，差不多没有什么大的村落。只有与低地接触的东坡上，有很厚的黄土，被我们农民经营了几千年，造成功一级一级的平台，可以耕种。

山西的乡下人不但靠黄土吃饭，而且利用它作房子。黄土是风吹来的，里面没有层次。被水冲开，往往成功陡壁。从这种陡壁边上，向里面挖一个洞子。只要顶上挖成半圆形，如桥孔一样，不用一根梁或是柱子，不会倒塌。洞口可以安上门，门旁边还可以开窗子。黄土是不很传热的，所以屋子里冬暖夏凉。这种土洞子，在河南、山西、陕西、甘肃黄土厚的地方，是很普遍的。通常叫做"窑"——《武家坡》里薛平贵所回的窑，一定指这种黄土洞子。北京的戏子不懂得，进窑的时候弯着腰，装着向地底下走的样子，就把它变成煤窑的窑了。窑也不一定是穷人住的。我从平定上了冠山下来，住在宋家庄的地保家里，就是这种窑。里面墙壁刷得很干净，很大的一个暖炕，屋外空气的温度在零度以下八度，屋里却有零度以上十二度。炕旁边放着一对磁县来的大青花瓶——这是北方乡下稍有资产的人结婚的时候必需的东西；瓶与平同声，取的平安的意思。住这种窑的人，最怕的是地震：因为黄土是松的，一经地震，整个儿会塌下来。民国十三年甘肃大地震，死去了几十万人，大部分是葬在黄土窑里的。

　　我们把太行山的东坡和西坡比较，就知道因为地形的构造不同，发生了极重要的经济的结果。太行山全体平均的高度不过一千一二百公尺，比西边的低地高不了四百公尺；所有煤层都保存在这低地中间。而且低地西面是个高原，地层很平，下面也有许多煤可采。煤层露在地面的区域，沿正太路是东西的，从榆次起，经过寿阳到阳泉，延长八十多公里；紧靠太行山西坡是南北的，从孟县起，经过平定、昔阳、和顺、辽县到襄垣的南部，延长二百多公里；煤层既多且厚，是全国最大的煤田。东坡逼近平原；获鹿县出海面一百二十七公尺，比太行山平均低九百公尺，所以从东向西坡度很陡。除去陷在半坡的井陉，河北省中部没有煤田。一直要到高邑内邱才有临城煤田，又与河南的武安煤田不相连接。武安煤田因为种种关系，煤质煤量都不甚佳。南部的磁县安阳是河北河南最好的煤田，但是逼近平原，南北长而东西狭，煤量因之减少，不能与太行以西的煤田相比。一座太行山把它以西的大煤田和用煤多的华北平原隔断了，可算是中国地理上最不幸的事实。

（一）读这篇文章，最好翻看地图，或就文中所说自己画幅简图，那才易于明了。

（二）为什么说"窑也不一定是穷人住的"？

中国水灾的原因和预防 / 贝克 讲
荫良 译

华洋义赈会曾经统计过中国的天灾,在最近二千年中,有一千八百次以上;成灾的原因是水、旱和疫疠。大抵十年之内,总有九年受灾;其中十分之八是大水。

水灾和旱灾都是国家的大患,而水灾的损害较旱灾更大。民国十一年天津附近水灾,损失约有三万万元。民国二十年长江大水灾,损失了二十万万元。今年水灾的损失虽然还没有统计,想来总是不小。我们敢说两三次的水灾损失,一定可以抵得过全部中国的国债。

中国水灾的原因大约有三种关系:

(一)天气关系　中国的气候雨量跟太平洋的风有很大的关系。大家知道,太平洋夏季季候风从太平洋面渐渐吹到中国北部,这季候风里带来了不少水分。假如这些水分慢慢地降落下来,那么中国的北部一定是"风调雨顺,五谷丰登"。假如这些水分在十天或两星期内迅速地降落下来,那么这极大的雨量一定成为水灾。反过来说,假如这季候风不来,或仅吹到一部分地方,那就一定造成全部或一部分的旱灾。这是天气的关系。

(二)地理关系　河道的容量与水灾有极大的关系。长江及其支流约有二百万平方公里。民国二十年大水灾的时候,长江水流的速率,每秒钟是八十五万立方米,但是长江的容量,每秒钟仅有六万七千立方米。长江的水不能即刻入海,势必上涨,上涨的结果自然是溃决。所以在民国二十年的时候，堤防虽然冲破了，水势还是每天上涨。这是地理的关系。

(三)土壤关系　中国长江黄河上流大都是淤泥，淤泥最容易被水冲散。黄河的水常常含有百分之四十的泥土，而每日从长江流入海中的泥土约有一百二十五万吨。这大量的淤泥有时在中流沉淀下来，可以加高河底，减少河身的容量。有时在一处淤塞起来，使上流的水不能畅流，以致泛滥。这是土壤的关系。

此外，中国的江河沿岸很少种树，因之雨量多的时候既不能储藏，水流急的时候又不能阻止。于是每有水灾，总是一发不可收拾。

预防水灾的方法极多。有人主张开浚河道，增加容量。这固然是一个治本的方法，但是他没有想到这工程太浩大了。有人估计过这工程，把长江从宜昌起到海岸止挖深三英尺，要用最大的挖泥机三百二十七架，费用需三万万元左右。这一笔大款子，一时自然无从设法。即使设法筹到，进行工作，而上流的淤泥不清，仍然可以把河底填高，所以开浚的工作只能在某一部分实施，要全部开浚，现在是不可能的。

有人主张开浚湖泽，增加蓄水量。这也是一个治本的方法。长江的洞庭湖、鄱阳湖、太湖，微山湖都是很好的蓄水池。但是，这些湖泽现在的容量，已比二千年或五百年前小得多了。其原因有二：第一是江河淤泥沉淀，使湖底加高。第二是居民与水争地，使湖面窄小。所以，在没有把处理淤泥的方法想妥以前，开浚湖泽的工作是用力多而得益少的。

有人主张种树，阻止水流，这自然也是一个好方法。但是中国的长江黄河上流，较海岸要高出四五千尺。如果黄河沿岸完全种起树来，种树的区域一定很大，种树的经费一定很多，养树的工作一定很繁重，目前自然无从设法。可是种树是极好的防水方法，中国政府应当在可能范围内渐渐进行。

　　据我的经验和这次视察江河灾区的结果看来，中国救灾的主要方法还是堤防。这次长江的大水，如果没有二十一年所筑的堤防，如果没有军民的抢险，汉口是决不能幸免的。反之，黄河方面，因为事前没有注意堤防，事后又不能立即抢险，河水溃决后，就只有忍着吃苦了。这次山东方面的水灾，据最近的报告，水淹的地方有二千方里，全部损失至少在六千万以上。假如事前能够筑堤，事后立即抢险，所费不过数十万。这是一件多么不经济的事啊！

　　我所主张的堤防，应该完全利用科学方法，使它坚固不破。沿岸的交通网，如电话电报站，应尽量增加，一有变故，各地均可预防。我知道两年前黄河沿岸只有两个视察报告站，现在也只有十九个站，这是不够应用的。

　　我所主张的抢险，应该利用军事方法，军民合作。抢险是一件苦事，做抢险工作的人应该有一定期限。过了这期限之后，应该让他们休息，另派别人来代替。工作时间的饮食应该丰富；地方长官应该以身作则。像这次汉口的抢险工作，是值得钦佩的。

　　我希望中国的政府和国民，今后要尽力筑堤和护堤。出险的时候，应该用全副力量去抢险。同时对于开浚河道，开浚湖泽，种树，这三件工作，应该由专家设计，渐渐筹款施行，循序而进；中国的水患一定可以免除的。

　　(一)开浚河道、开浚湖泊、种树，这三件工作是防灾的好方法，筑堤和抢险没有那么好。可是作者认为筑堤和抢险是主要方法，这是从缓急利害上来考虑的。前三件工作虽好，但是缓不济急，而且目前不能立即实施，当然只有就办得到的先做了。

　　(二)筑堤和抢险原是历来相传的老方法，作者却有修正的主张。从这里，也表现出"实事求是"的精神。

海滨琐记 / 曹揆百

捞

海浪汹涌翻腾,时常带来各色各样的物件。这些物件是海的恩赐,是海滨居民的救济品。凭着这些,海滨居民对海才发生一点好感。不论白昼或是黑夜,不论酷暑或是严寒,总有一两个人,衔着旱烟管,披一件破小衫或是烂棉袍,穿一双草鞋,一跛一颠地在海塘下的乱石块间穿来穿去。他们的眼珠子直望着海上,那汹涌的波涛中蕴藏着他们的希望。

在黄浑浑的海上,有时会浮起一件黑沉沉的东西,澎湃的浪头推着它迎岸而来。那东西决不会一直线地浮过来,它忽隐,忽现,忽进,忽退,仿佛有意跟注视它的人逗着玩似的。

"近了,近了。"人们这样欢呼起来,视线集中在那黑东西上,要辨认它到底是什么货物。到它浮到离海塘十丈以内,他们便咬紧牙齿,扭一下头,两手交互在胸前搓了搓,摔脱了衣服,精赤条条地跳进水中,活像一尾大鲤鱼。他们冲破波浪,很迅速地向那东西泅去,水花尽溅着。即使天气非常冷,他们也不顾。

那浮着的东西要是遇到了漩涡,就会改变飘流的方向。眼看将要到手的东西,就这样地给它滑脱,不是太可惜吗?为着这个,海滨的人在长久岁月里,养成了勇敢、无畏、用生命来搏斗的精神。

看了海里浮来的东西，就知道不知在哪儿，总有一块地方让海闯下了大祸。这儿海滨的居民捞到了许多门呀、窗呀，以及形形色色的家用物件，自然十分喜悦。但是那边的人正浮沉在滔天白浪中，喊救命也没有用处。

有一年秋汛，不知哪一块地方遭了泛滥，这海滨的居民得到了不少财物。附近几十个村庄的男女老幼差不多全动员了，跟赶市集一般奔上海塘，大家捞啊，捞啊。有人捞到了一只箱柜，打开一看，里面卧着个男子，身旁放着好多扎钞票。那男子已经三天多没有吃东西，快要饿死了。他瞧着那一大堆钞票对捞他的人说：只要救他一条命，甘愿把钞票全部奉送。可是捞他的人并不照做，把钞票取了出来，箱柜和人仍旧放在水里，让潮水把他带到海洋深处，给巨浪吞掉。没有谁同情他，没有谁怜悯他。

捞啊，捞啊，财物迷住了人的心窍，大家变得像疯狗一般。有谁想到，自己也有一天会遭到同样的大祸呢！

拾

潮水退了。孩子们到湿漉漉的泥滩上去拾蛤蜊、小鱼、明虾。他们习惯了这种工作，在烂泥浆里，能跑得跟在平地上一样地快，而且决不跌跤。一小块一小块的烂泥随着脚后跟飞溅起来，重又落到泥浆上，"劈扑劈扑"地响，应着脚板踩进烂泥里的"擦擦"的声音。泥滩上遗留着许多孩子的足印，那就是一群孩子帮助家里谋生活的痕迹。

有一回，一个小孩子在夕阳下孤零零地拾蛤蜊。他整天没有吃东西了，肚子里叽叽咕咕地叫。他母亲靠着村前的破竹篱望着他，希望他多拾些蛤蜊来充饥。阳光渐渐暗下去，篮子里的蛤蜊还不够一个人吃的。孩子弯着身子找寻蛤蜊，时常抬起头来向西望望，他焦急透了。忽然，

他在泥淖里拾到一只正方形的红漆匣子，开开盖子一看，吓！里面是一只金手镯。

"多好玩啊！"孩子自出母胎没见过金手镯，他只道是耍货，把它放回匣内。他把匣子塞在怀里，预备有了空儿，再拿出来细细地玩。

孩子拖了一双满是污泥的脚，提了半篮子的蛤蜊，回到家里，他妈妈那黄色的脸上显出怒意，有气没力地骂着他，顺手在篱笆间抽下一根细竹竿，扬了一扬，朝他就打。孩子慌张地躲过竹竿，身子一扭，怀里的小匣子就"啪"的一声跌了出来。

"是什么？"妈妈的眼珠被地上的红漆小匣子吸住了。她放下竹竿，弯下身子拾起匣子。打开匣盖一看，一只光彩夺目的金手镯，骇得她半晌说不出话来。

"哪儿来的？"她忘了饥饿。

"海滩上拾来的。"孩子害怕地说。

"你识得是什么吗？"她脸上透出笑意。

"耍货。"孩子只怕母亲把它丢掉。

"哈哈，是金……"妈妈把孩子搂在怀里，欢喜得淌下眼泪来。

第二天，村子里传遍了这个消息。大人们都告诫孩子不要贪玩，把眼珠子放尖点，留意自己的脚跟前，自然会拾得一些财物的。

拾啊！拾啊！成群的孩子欢天喜地在海滩上跑着。他们忘了饥寒，也忘了自己。

(一)所记只是些小事，可是在旁的地方的人是不知道的，不但见得新鲜，而且正是实际生活的写照。这就值得记了。

(二)看了"把钞票取了出来，箱柜和人仍旧放在水里……"你有什么感想？

车窗外 /蹇先艾

我常常喜欢把火车和江轮对比。坐火车自然远不如坐江轮舒服。江轮好像在水上散步，态度非常潇洒闲适；火车那种风驰电掣，急如星火的神气，大可以代表豪壮的一派。在一个急性的乘客，一个还乡的游子，一个异地相思的情人，特别快车有时还嫌太慢；但在我们这些旅行者，感觉正相反，普通车也嫌太快了。

轮船的面积比较大，无论房舱或者统舱的客人都有在甲板上散步的自由，披襟当风固然好，玩味景物也不坏，无往而不随心所欲。船身徐徐地破浪前进，你可以在浩淼的江心仰天长啸，低头沉思。坐在火车中，我们的身心全都受了束缚。每一条长椅旁只有那么小的一扇窗，如果你不靠窗坐，便很难得到眺望的机会。车行又那么匆匆，就是眺望也没法捉住大自然的全景，偶尔见到一鳞一爪，已经很可珍贵了。其中也有极精美的，也有极平板的，与其说像一幅粗枝大叶的画图，不如说像一卷无声电影片，所缺少的是故事的情节。

我这次出游，对于沿路风景很为淡漠，生长在南方的人，单调呆板的山水是不易引起他的注意的。河北境内四望都是一片绿野，没有丛集的树木，没有层叠的冈峦。到了山东境界，景致才渐渐起了些变化，才望得见一抹苍苍的远山的影子，北方的怪石嶙峋的峰岭的典型；有时也陪衬着一流清溪，不过缺少蓊郁的森林。就农事上说，河北也不及山东有生气。山东土地高，肥沃，虽在抗旱的时期，田中的农产物还是发荣

滋长，亭亭直立，像一个人到了少壮时代；河北田地有些很低，往往被水淹着，农产物还在不很健康的婴儿期，却被骄阳晒得形容憔悴。

　　景物在我眼中一瞥就过去了，我所注意的是沿途车站上的人物。我对于那些人物个个感到兴味。一些朝气蓬勃忠厚老实的小贩是最可钦佩的。他们似乎都依靠车站为生，生活的范围多么狭隘呀！他们算准了火车开到的时候聚集拢来，有如庙会；火车一离站，便又匆匆地默无一语地散去。有的做了很好的生意，带着成功的欢欣，有的没有卖到钱，满怀失望，垂头丧气，像斗败的雄鸡。他们的模样都差不多，穿着白布或蓝布短褂，没有一个不高声叫卖，来回在车窗前兜揽生意，向旅客露着可爱的笑脸，殷勤询问。因为火车只有五分钟或十分钟的停留，光阴在他们是极可宝贵的，如果稍一松手，买卖便落了空。第二趟车又不会马上开来。他们卖的东西有杂牌汽水、冰镇梅汤、白糖豆浆、西瓜、蜜桃、油炸馓子、糖酥饼之类。看见这些景象，我立刻回忆起从前坐长江轮船的情形。每逢晚泊，便有一两只篾篷的木船远远摇过来，里面是夫妇两个，态度十分和蔼，与轮船上茶房都互相认识，一盏玻璃的煤油灯在船篷中点着，他们出卖一些云片糕、水烟、烧酒和豆腐干一类下酒的菜，有时也私带一点烟土。桨声在水上咿呀的激荡着，统舱的客人都争着跳下船去买。这个和车站上满天星似的叫卖的相比，显然又有另外一种情趣。

　　最有趣味是夜间。有时虽然已经到了两三点钟，暑气渐渐退去，窗外也显得十分凄凉，但是车一到站，清脆的叫卖声又在空间回荡了，不过人数稀少，不像白天那样杂乱。他们点着各种不同的灯火。有的摊子既不甚大，而且一灯如豆，显得阴森森的。站台上只晃动着三三五五高低大小的人影。我记得那天晚上十二点过德州，德州的站台是不许小贩停留的，他们都在栅栏外用高凳子摆了个小摊，中间放一盏玻璃方灯，一头是长圆形浅绿色的西瓜，一头是鸽子一般大小的卤鸡。摊子都是一块木板，摆成一排，隔几步一个，非常整齐。他们都朝着车窗，用不十分高亢的声音遥遥喊道：

"买鸡!买鸡!买鸡!"

"买西瓜!买西瓜!买西瓜!"

态度特别从容。大约因为所售的食品都是名产，用不着兜揽求售。事实上车中客人早已打听什么时候到德州，便是为的买这种东西。所以车一到站，大家纷纷下车，无不提着一只卤鸡或者挟着两个西瓜回来。我和苏欣君谈起，他们叫卖的语句那样简单而纯挚，真能使人感动。不像北平小贩卖东西要故意形容，如说"冰积凌，凉的败火"，"萝卜赛甜梨，辣了换"。有时并非完全货真价实。在文士们听起来，也许北平的叫卖声听起来富有诗趣。不知为什么我却更喜欢德州的，我以为这正表示了山东人的性格。

后来车过K城，有许多乞丐在窗外追赶着，也喊着简单和毫不客气的句子："要钱!要钱!要钱!"

苏欣君有点愤怒，探出头去，大声斥道："我们又没有欠你的账，你为什么向我们要钱!"自然，他们和北平叫"善心的老爷太太，可怜可怜穷人吧!"的乞丐比起来，未免显得太爽直了。

在泰安，有一个卖牙枣的苦老头子，因为车上有人买了他两毛钱的牙枣，把东西拿上车去了，钱却不给他送下来，他一个人分不开身上车去找，急得满头大汗。火车蠕蠕地开动了，他简直想不出法子，好像要哭又哭不出来，一面跺脚，一面喃喃地骂：

"奶奶!买东西不给钱!"

苏欣望着我，仿佛辣辣地着了一鞭。我也不觉有点黯然。直到火车开得很远很远的时候，我的脑际还拭不掉那老人的凄惨的面影。

(一)这篇主要在叙述车窗外的人物，前面谈到景物，只是陪衬而已。

(二)这篇后一节与前一节好像不相连贯，其实不然，都因为有某一点的关联，才一节又一节说下去的。能把这些关联之点说出来吗？

辰州途中 / 沈从文

小船去辰州大约还有三十里，两岸山头已较小，不再壁立拔峰，渐渐成为一堆堆黛色与浅绿相间的邱阜。山势既较和平，河水也温和多了。两岸人家越来越多，随处可以见到毛竹林。山头已无雪，虽尚不出太阳，气候干冷，天空倒明明朗朗的。小船顺风张帆向上流走去，似乎异常稳定。

但是，今天小船至少还得上三个滩与一条长长的急流。

大约九点钟时，小船到了第一个长滩脚下了。白浪从船旁跑过快如奔马，在惊心眩目的情形中，小船居然上了滩。小船上滩照例并不如何困难，大船可不同了。滩头上就有四只大船斜卧在白浪中大石上，毫无出滩的希望。其中一只货船大致还是昨天才坏事的，只见许多水手在石滩上搭了棚子住下，并且摊晒了许多被水浸湿的货物。正当我那只小船上完第一滩时，却见一只大船搁浅在滩头激流里。只见一个水手赤裸着全身向水中跳去，想在水中用肩背之力使船只活动。可是人一下水，即刻为水带走了。在浪声哮吼里，尚听到岸上人沿岸喊着，水中那一个大约也回答着一些遗嘱之类，过一会，人便不见了。这个滩共有九段。这件事从船上人看来太平常了。

小船上第二段时，河流已随山势曲折，再不能张帆取风。我担心这小小船只的安全问题，就向掌船水手提议，增加一个临时纤手，钱由我出。得到了他的同意，一个老头子，牙齿已脱，白须满腮，却如古罗马人那样健壮，光着手脚蹲在河边那块大青石上讲生意来了。两方面皆大声嚷着而且骂着，一个要一千，一个只出九百，相差那一百钱折合银洋约一分一厘。那方面既坚持非一千文不出卖他的气力，这一方面却以为小船根本不必多出这笔钱给一个老头子。我虽然答应了不拘多少钱皆由我出，船上三个水手一面与那老头子对骂，一面却把船开到急流里去了。小船已开出后，老头子才不再坚持那一分钱，赶忙从大石上一跃而下，自动的把背后纤板上的短绳缚定了小船的竹缆，躬着腰向前走去了。待小船业已完全上滩后，那老头就赶到船边来取钱，又是一阵互相辱骂。得了钱，坐在水边大石上一五一十数着。我问他有多少年纪，他说七十七。那样子，简直是个托尔斯泰。眉毛那么长，鼻子那么大，胡子那么多，一切皆同画像上的托尔斯泰相去不远。看他那数钱的神气，人快到八十了，对于生存还那么努力执着。这人给我的印象真太深了，但在他们看来，一个又老又狡猾的东西罢了。

　　小船上尽长滩后，到了一个小小水村边。有母鸡生蛋的声音，有人隔河喊人的声音。两山不高，而翠色迎人。许多等待修理的小船皆斜卧在岸上，有人正在一只船边敲敲打打。我知道他们正在用麻头与桐油石灰嵌进船缝里去。一个木筏上面还搁了一只小船，在平潭中溜着。忽然村中有炮仗声音，有唢呐声音，且有锣声，原来村中人正接媳妇。锣声一起，修船的，放木筏的，划船的，都停止了工作，向锣声起处望去——多美丽的一幅画图，一首诗！但除了一个从城市中因事挤出的人觉得惊讶，难道还有谁看到这些光景瞿然神往。

　　下午二时左右，我坐的那只小船已经把辰河由桃源到沅陵一段路程的主要滩水上完，到了一个平静的长潭里。天气转晴，日头初出，两岸小山皆浅绿色，山水秀雅明丽如西湖。船离辰州只差十里，过不久，船到了白塔下，再上个小滩，转过山嘴，就可以见到税关上飘扬的长幡了。

（一）这篇写滩水的险，不用空话，全用实际情景描摹。"四只大船斜卧在白浪中大石上"又"见一只大船搁浅在滩头激流里"，水手跳下水去想推动船身，"即刻为水带走""过一会，人便不见了"这些全是实际情景。如果用空话，说了一大套怎样怎样的险，人家还是不明白。

（二）作者说那老头子"给我的印象真太深了"，为什么？

（三）母鸡生蛋的声音，人隔河喊人的声音，以及娶媳妇放炮仗吹唢呐敲锣的声音，这些声音表现出水村里的平静生活。所以作者说这是一首美丽的诗。

"拉拉车" /茅 盾

从宝鸡到广元要经过那有名的秦岭。秦岭虽高,并不怎么险;公路盘旋而上,汽车要走一小时光景才到山顶。你如果不向车外望,只听那内燃机的沉浊而苦闷的喘息声,你知道车子是在往上爬,可不知道究竟爬了多少高,但是你若向外一望,就知道秦岭之高是可惊的,再向远处看,你又知道秦岭之大也是惊人的。

然而这样高而且大的秦岭没有树林,除了山沟里有些酸枣之类的灌木,它可说是一座童山。虽非终年积雪,但一年之中它的高峰不戴雪帽的时候也很少了,往往岭下有雨,岭上便是雪。不过空气依然干燥得很可爱。人们常说,过了秦岭,气候便突然不同,秦岭之南要暖和得多;其实这是岭上与岭下气温之差,倒不在乎南北。

村落之类,秦岭上是没有的。道旁偶有三数土屋,那是"小商店"。有货的时候是几包香烟,几张锅块,或者也有柿子梨子和鸡蛋,至于缺货的时候简直什么都没有。秦岭的顶上却颇广阔,很可以容纳几个村庄。现在村庄似乎还没有产生,但由小饭店和杂货店凑合而成的十来户人家的小"镇",确已有了。这是供过往人们打尖的,必要时,饭店和杂货店又可以权充旅店。因此秦岭道上,现在也在一天天繁荣起来了。

在这条路上,有一种特别的车,一种特别的人力车,人们称之为"拉拉车"。这是两轮车,轮即普通人力车所用的,也有木制的,极简陋，但仍用橡皮轮胎；坐位不作椅形而为榻形，所以不能坐，只能卧——总之，这就是在轮轴上铺上宽约二尺长约五尺的几块板，极像运货的"塌车"，惟较小而已。川陕道中，尤其宝鸡到广元一段，客车不多，商车亦不愿载客，因为载客不如载货利厚。向公路局登记挂号待车，往往候至一月之久尚无眉目，于是此等"拉拉车"应运而生，大行其时。客人随身倘有两件行李，便可以把铺盖打开，拥被而卧，箱子可作靠枕，或可竖立，权作屏风。颠簸之苦是没有的，倘遇风和日丽，拥被倚箱，一壶茶，一支烟，赏览山川壮丽，实在非常"写意"。

　　缺点是太慢。从宝鸡到广元，通常要"拉"十多天，倘遇风雪，不得不在小村里"抛锚"，那就等上个三五天，七八天，都没准儿。然而通盘计算，坐"拉拉车"还是比汽车快；"拉拉车"算它二十天到广元，但倘无特别门路，则二十天之内你休想买到车票。这是指公路局的客车。至于商车(即主要是运货而亦兼载客人的)，也得有熟门路方能买到票，价钱可不小，比公路客车票贵上二三成，而且车容易出毛病，往往半路"抛锚"，前不巴村，后不着店，如果修理无效，那简直叫天不应。那倒不如"拉拉车"按站前进，入暮投宿，虽仅荒村，总不至住在露天。

　　"拉拉车"的车费，据说从宝鸡到广元，单趟也得国币二百元左右。那跟公路局客车的票价也不相上下了，但在旅客方面也还觉得合算，为的你如果在宝鸡或西安等车，一天房饭花上十块钱并不算阔。万一之虑是路上遇到土匪。去年冬天，货车被劫也有过，但"拉拉车"被劫似乎还没听说起；现在的土匪，眼睛也看大了，单身客人值不了几百块的东西，不值他们一顾，他们是在大处着眼的。

　　来回一趟，车夫可有四百元左右的收入。到了广元如果拉不到人，可以拉货，所得亦不相上下。如果车是自己的，除去路上走一个月的食宿等费(这条路上的伙食很贵，而车夫倘不吃得多点好点，就拉不动车了)，大约尚可剩下百数十元；如果是租车，那么所余仅五六十元而已，养家活口还是困难。

一车连人带行李，少说也有百几十斤，要翻过秦岭，而且秦岭以外还有不少山，这个工作实在不轻便。现在川陕道上，这种"拉拉车"多如"过江之鲫"。看他们上坡时弯腰曲背，脑袋几乎碰到地面，那种死力挣扎的情形，真觉得凄惨；然而和农村里的他们的兄弟们相较，据说他们还是幸运儿呢！

(一)"拉拉车"怎么个形状，怎么会时兴，车夫的生活怎么样，篇中都说清楚了。要把一件事物报告给人家知道，必须这样才行。

(二)末了一句话没有说尽，那没有说出来的话是什么？

垣曲风光 /卞之琳

初冬的垣曲城郊还只是晚秋景象。天气暖和。树叶还颇有些绿的。黑河流在城西，清极了。修长的白杨到处都是。站定了望望黄河南岸一座特别奇峻的蓝色的远山，听听近旁的水声、树声，你会想起这里有江南的秀丽而又是地道的北方。尤其是一听到黄河湾里的特别多的雁声，看到像别处农家挂在檐前的红辣椒一样，一大串一大串挂在村树上，预备做柿饼的红柿子，那么鲜明的，你会想起这里又确是垣曲。

这里虽然离西北方横岭关敌人的大炮只有五六十里，在城外见到的还是太平景象，农人在田里照常恬静的工作。

慢慢的从西门进城去吧。

城门口的守兵在晒太阳。城门洞的墙壁上有两张二十天以前的西安出版的《阵中日报》。石板街道。处处见树木。房子大致都高。节孝牌坊，进士牌坊。一个清静的古城呢。还有颇像样的邮政局。里面一边墙壁上插了三排无法投递而退回来的信件，柜上横栅前贴了由西安起飞内地的，由内地转飞安南、香港的三种航空信的邮费价目。邮路还通得很远呢。可是不见什么店铺。很少行人。拉住了一个过路的市民问问看。"这里老百姓只回来了三分之一"是你曾听到的回答。也确是我在十一月十八日下午亲自听见的回答。城里没有做买卖的吗？热闹的地方在哪里？"在南关。"

南关大街本来的确是垣曲最热闹的大街，如今是一片废墟。

在这里可以看到敌人以我们的房屋为代价而遗留给我们看的痕迹了。这是敌人给放火烧的,在垣曲第一次失陷的时候。垣曲在这一次战争里前后已失陷过三次。第一次在今年二月间,第二次在七月间,第三次在十月间,在中秋前后。敌人三打垣曲,在山西战局上,第一次算是得到收获的,因为他们从这里直抄到晋西南我们的守军的后路,把局势弄成了一个新段落。第二次是徒劳,因为虽攻陷垣曲,不能占为据点,遂不能实现在道清和同蒲两条铁路之间接联交通线亦即缝合对于我们的封锁线的梦想。最近这一次也是如此。中央军在这里西北山头上和敌人打了四昼夜。在我们的部队居劣势的严重关头,有一个排长带了十个勇士抄袭敌人的后路,牵制了二百名敌人,苦战之下,生还者仅二人:王克成和李怀德。敌人又终于退走了,当然也来不及好好的欣赏一下他们自己二月间在这里干下来的成绩。

现在这一带废墟,有了七八个月的历史,除了断垣破瓦外,已经不留什么,干干净净了。杂草在这里长了,又黄了,枯了。从前的窗子现在还有未曾裂开,尚存完整的方洞的,仿佛镜框,由街上的过路人随便镶一块秀丽的郊景,譬如说,一株白杨,一个鹊巢,半片远山。有一家屋子里,现在应该说院子里了,一只破缸,里面还有些水,大开了眼界,饱看蓝天里的白云。一家破屋,看来原先是一家颇不小的铺子,门头还留着"陶朱事业"的字迹遥对斜阳。这个门洞从前该吞吐过多少日本货,整的进,零的出。敌人来烧断了他们自己的工业品的通畅的大出路。

现在南关的确还是全城最热闹的地方。两边的房子烧了,做买卖的又来街头摆摊子。卖的物品无非一些日用品和食品:火柴、鞋袜、电池、洋蜡、花生、柿子……摆摊的一个老头儿告诉我,大致都是把家小留在乡下,自己出来混几个子儿给大家弄一碗饭吃而已。

(一)作者从西门进城,转到甫关。他能把自己的印象扼要写出,使

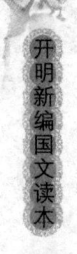

读者宛如亲见了当时的垣曲。

（二）"从前的窗子现在……尚存完整的方洞的，仿佛镜框，由街上的过路人随便镶一块秀丽的郊景。"以及"一只破缸，里面还有些水，大开了眼界，饱看蓝天里的白云。"这些话要想一想才明白。你想明白了没有？

春联儿 /叶圣陶

出城回家常坐鸡公车。十来个推车的差不多全熟识了,只要望见靠坐在车座上的人影儿,或者那些抽叶子烟的烟杆儿,就辨得清谁是谁。其中有个老俞,最善于招揽主顾,见你远远儿走过去,就站起来打招呼,转过身,拍拍草垫,把车柄儿提在手里。这就教旁的车夫不好意思跟他竞争,主顾自然坐了他的。

老俞推车,一路跟你谈话。他原籍眉州,苏东坡的家乡,五世祖放过道台,只因家道不好,到他手里流落到成都。他在队伍上当过差,到过雅州跟打箭炉。他做过庄稼,利息薄,不够一家子吃的,把田退了,跟小儿子各推一挂鸡公车为生。大儿子在前方打国仗,由二等兵升到了排长,隔个把月二十来天就来封信,封封都是航空挂。他记不清那些时时变更的地名,往往说:"他又调动了,调到什么地方——他信封上写得清清楚楚,下一回告诉老师你吧。"

约摸有三四回出城没遇见老俞。听旁的车夫说,老俞的小儿子胸口害了外症,他娘听信邻舍妇人家的话,没让老俞知道请医生给开了刀,不上三天就呜呼了。老俞哭得好伤心,哭一阵子跟他老婆拼一阵子命。哭了大半天才想起收拾他儿子,把两口猪卖了买棺材。那两口猪本来打算腊月间卖,有了这本钱,他就可以做些小买卖,不再推鸡公车,如今可不成了。

一天,我又坐老俞的车。看他那模样儿,上下眼皮红红的,似乎喝过几两干酒,颧骨以下的面颊全陷了进去,左面一边陷进更深,嘴就见得歪斜。他改变了往常的习惯,只顾推车,不开口说话,呼呼的喘息声越来越粗,我的胸口也仿佛感到压迫。

"老师,我在这儿想,通常说因果报应,到底有没有的?"他终于开口了。

我知道他说这个话的所以然,回答他说有或者没有,一样的嫌噜嗦,就含糊其辞应接道:"有人说有的,我也不大清楚。"

"有的吗?我自己摸摸心,考问自己,没占过人家的便宜,没糟蹋过老天爷生下来的东西,连小鸡儿也没踩死过一个,为什么处罚我这样的凶?老师,你看见的,长得结实做得活的一个孩儿,一下子没有了!莫非我干了什么恶事,自己不知道。可以显个神通告诉我,不能马上处罚我!"

这跟《伯夷列传》里的"天之报施善人其何如哉!""倘所谓天道,是耶非耶?"是同类的调子,我想。我不敢多问,随口的说:"你把他埋了?"

"埋了,就在邻舍张家的地里。两口猪,卖了四千元,一千元的地价,三千元的棺材——只是几块薄板,像个火柴盒儿。"

"两口猪才卖得四千元?"

"腊月间卖当然不止,五千六千也卖得。如今是你去央求人家,人家买你的是帮你的忙,还论什么高啊低的。唉!说不得了,孩子死了,猪也卖了,先前想的只是个梦,往后还是推我的车子——独个儿推车子,推到老,推到死!"

我想起他跟我同年,甲午生,平头五十,莫说推到死,就是再推上五年六年,未免太困苦了。于是转换话头,问他的大儿子最近有没有信来。

"有,有,前五天接了他的信。我回复他,告诉他弟弟死了,只怕送不到他手里,我寄了航空双挂号。我说如今只剩你一个了,你在外头要格外保重。打国仗的事情要紧,不能教你回来,将来把东洋鬼子赶了出去,你赶紧回来吧。"

"你明白。"我着实有些激动。

"我当然明白。国仗打不胜,谁也没有好日子过,第一要紧是把国仗打胜,旁的都在其次——他信上说,这回作战,他们一排弟兄,轻机关枪夺了三挺,东洋鬼子活捉了五个,只两个弟兄受了伤,都在腿上,没关系。老师,我那儿子有这么一手,也亏他的。"

他又琐琐碎碎的告诉我他儿子信上其他的话,吃些什么,宿在哪儿,那边的米价多少,老百姓怎么样,上个月抽空儿自己缝了件小汗褂,鬼子的皮鞋穿上脚不如草鞋轻便,等等。我猜他把那封信总该看了几十遍,每个字让他嚼得稀烂,消化了。

他似乎暂时忘了他的小儿子。

新年将近,老俞要我替他撰副春联儿,由他自己来写,贴在门上。他说好几年没贴春联儿了,这会子非要贴一副,洗刷洗刷晦气。我就替他撰了一副:

有子荷戈庶无愧

为人推毂亦复佳

约略给他解释一下,他自去写了。

有一回我又坐他的车,他提起步子就说:"你老师替我撰的那副春联儿,书塾里老师仔细讲给我听了。好,确实好,切,切得很,就是我要说的话。有个儿子在前方打国仗,总算对得起国家。推鸡公车,气力换饭吃,比哪一行正经行业都不差。老师,你是不是这个意思?"

我回转身子点点头。

"老师你真是摸到了人家心窝里,哈哈!"

(一)这篇写一个车夫的生活态度——做人,做国民,做父亲的态

度。都从他自己的话中表出，作者不加描摹。

（二）篇中对话要好好地念，念起来比看起来更容易领会人物当时说话的心情。

输血者的故事 /D. Ferguson 著
学人 译

我刚把一"品脱"(pint)的血贡献给贮血处。一年来，我一直抱着这样的志愿。然而我老是用种种的藉口延宕下来。现在，我到底这样做了，才发见过去的惊吓完全是空的。那经过是这样的：

两个星期以前，我的生活起了激变。我的丈夫忽然立誓从军，担任一个技术的军官，被指派"在战地尽忠职守"。在他去了以后的枯燥时日中，我感觉我假如不能做到一个平民在整个战争中应做的最容易最合需要的事情，我简直没有权利去怀念他。

于是，在一阵小小的冲动之下，一天清晨我走到当地的"输血处"。我仍然有些恐惧，但是，到底不过登记一下而已。一年来我所提出的种种藉口全推翻了——只留下一个。我在一点轻微的刺激之下，就会昏倒。站立过久，和其他可笑的理由，都足以使我畏缩。我没有料到在一群看护和输血者之前，竟能安然无事。

接受输血的人问了我几个关于我的健康的问题。跟着她告诉我在输血之前四小时内，除了咖啡和橘汁，不许吃任何东西。

"哦。"我随意地说，"我在早上，除了咖啡和橘汁，从来不吃其他东西。"

"那么，好。"她说，"现在你就可以去输血了。"

现在是套住了！我再也不能退却，除非我愿意在大庭广众做个胆怯的人。我坐在一条长凳的一端，凳上已坐满了在那里等待的输血者。一

个救火员，一个中年的家庭主妇，几个急匆匆的书记员，显然是抽出中午吃饭的时间来输血的。但是那些闲适的富人，应该来输血的，倒没有看见。

一排人输得很快。在一间更衣室中，一个护士助手卸去了我的外衣和裙子。给我披上一件白色长衣。于是把我的脉搏和体温记下来。我的体温和脉搏都在平常度数以上。我恐怕他们要不许我输血了。但是，很侥幸的，与万国红十字会所定的最高度比较起来，我还没有到呢。

然后他们问我更多的关于我的健康的问题——有否施行过何种手术？生过何种病？在什么时候？——他们给我做了血球素的测验。并且记下我的血压。他们反复试验，断定了毫无危险。

他们带我到一间大房间，房间里满放着床，大半有人睡着，两旁都装有瓶子和玻管。我尽量避免仔细看，我怕什么东西刺激了我，使我举止失常。他们寻了一张空床给我，还有一个特别指定的好护士，她告诉我，这是毫无危险的。她闲逸地用着安慰的态度，给我的臂膀作施行手术的准备。我一点也没有受苦的感觉。每个输血者都得到充分的时间，对于稍感胆怯的人，有了充分的时间就可以使他完全了解，不致恐瞑。

当护士把绞带放在我臂上的时候，她说："这须要束紧一分钟。"最初，我的手感到刺热和胀大，当然不很舒服。跟着我觉到针头刺入皮肤，她就把绞带放松了。

"就是这点儿痛吗？"我问，"那么，一点也不错，他们说的毫无危险。许多人恐怕事情没有这么容易，以至不敢尝试，实在有些可耻了。"

我不再说下去，因为我觉得我的老毛病来了；我差不多一半失去了知觉。我似乎想要阿摩尼亚。立刻有两个看护拿来给我，同时对我说："你不要多说话。再过两分钟就够了。我们希望抽满你一品脱的血。有人需要得很急。"

那人可能就是我的丈夫，我想。以后的两分钟很容易地过去了。

他们把我裹在很舒服的被窝之下，约十分钟之久——在我感觉很正常了之后。跟着他们把我放在休养室中。只有稍有反应的人才送进休养室。那完全是空着的。十五分钟之后，他们说我的脉搏已经恢复正常，于是拿咖啡给我喝。

我再留了一会，问了主任医师一些问题，知道只有百分之五的输血者是有反应的。然而，你即使在百分之五有反应的之中，也不过几分钟就过去了。假如你想一想今日许多人所遭遇的情形如何，这真不算什么了。

还有一件事。半失知觉像我这样的，算是最不好的反应了。假如这真是最不好的，也只在百人之中有五人可能有这样的机会而已。我想，有几百万的美国人都是愿意冒这样的危险的。

然而现在美国还只有一百万多一点的人贡献他们的血液——在一万四千万人口的一个国家，只得到了一百万品脱的血液。而现在红十字会的计划，要得到三百万品脱的血液。这是很低的数目了，一个受伤者约需要四品脱的血浆呢。

到现在为止，输血者都是由集团签名而来的——工会会员、大百货店店员、警察、救火队员等等。个人自动来的很少，有闲的妇女来的尤其少。护士们每个下午空闲地等着，只有五时以后及周末，才拥挤得厉害。那些输血者都是辛苦工作了一天，赶着回家之前来输血的。

据红十字会所定一个人输血的限制，每八个星期输一品脱，每年不能超过五次。职业的输血者常是每个月输两次的。

"在上次大战中，"红十字会输血处全国技术顾问泰勒医生说，"因震动而死亡的病人多至百分之四十。虽然我们还没有完全科学的证据，证明现在因震动而死亡者之减少，是输血的直接结果，但是所有各战场的医生都认为输血是有神奇的功效的。"

震动是战争中致死的最主要的原因。差不多每个战场上的受伤者都得到此病。灼伤，出血过多，创伤，沉溺——都可能发生此种症状。有许多因剧烈震动致死的，甚至身体上毫无伤痕。血浆使病者获得充足的力量，足以支持到施行外科手术之后。在受伤者由战地抬往后方医院治疗的期间，血浆可以保持他们的生命。

现在我们贮备的血浆还没有足够，从泰勒医生的谈话中就可以知道。

"我们的军队遍布于全世界。我们在战场上的损失，现在还不算多，但谁也不能预断什么时候会有大批的受伤者到来。所以，从太平洋到地中海，我们都需要血浆——我们必须贮备充足的血浆，供给每一战场上紧急时候应用。"

当我回家时，他们问我是否要约定下一次输血的时间。回答是"当然！"这一回我不再感到紧张和焦虑了。不过，如果我走进输血处稍稍感到恐惧，你得记着，这种感觉不能跟你所发生的兴趣相比并。这是一种带有刺激性的有趣味的经验。就我个人说，我所获得的比我所施出的多。

最后，我感到我参加在战争中了。这是最起码的参加战争——不过一小时左右而已——但是我已有权利在胜利的庆祝中作为参加的一分子了！

（一）作者在开头说"我感觉我假如不能做到……事情，我简直没有权利去怀念他。"听护士说有人需要血浆很急，又说"那人可能就是我的丈夫，我想。"到末了说"我感到我参加在战争中了。……我已有权利在胜利的庆祝中作为参加的一分子了！"这些话值得仔细体会。凡是舍己为公的事情，都是根据这种心情做出来的。

（二）这篇文字带有宣传意味——劝人家去输血。作者把自身的经验告诉人家，见得输血毫无危险。又把血浆的效用和急需告诉人家，见得输血是大家该做的事。这样的宣传容易收效果。如果空说一阵，就算宣传，那是不会收到什么效果的。

诗两首

一句话 / 闻一多

有一句话说出就是祸,

有一句话能点得着火。

别看五千年没有说破,

你猜得透火山的缄默?

说不定是突然着了魔,

突然青天里一个霹雳

爆一声:

"咱们的中国!"

这话教我今天怎么说?

你不信铁树开花也可,

那么有一句话你听着。

等火山忍不住了缄默,

不要发抖,伸舌头,顿脚,

等到青天里一个霹雳

爆一声:

"咱们的中国!"

(一)"五千年没有说破"不是永远不会说破,好比缄默的火山总有一天要爆发。

(二)在气候比较寒冷的地区,铁树难得开花,通常用"铁树开花"来比喻某一件不易实现的事实现了。

(三)"咱们"包括说话的和听话的。"咱们的中国"就是"大家

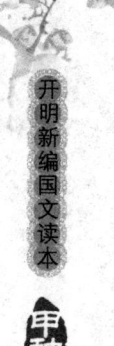

的中国"。

"两个老鼠抬了一个梦" /刘大白

孩子说:

"母亲,我昨儿晚上做了一个梦;

现在却有点儿记不起来,迷迷漾漾了。"

母亲笑着说:

"两个老鼠抬了一个梦?"

老鼠怎么能抬梦?梦怎么抬法?老鼠抬了梦去做什么?这不是梦中说的梦话?

不是梦话哪,——

她怎地记不起梦来?那梦上哪儿去了,

要不是老鼠把梦抬?

那老鼠刚抬了梦跑,

蓦地里来了一头猫;

那老鼠吓了一跳,

这梦就跌得粉碎没处找。

哦,我知道了

我们做过的梦都上哪儿去了!

原来都被猫儿吓跑了抬夫,

跌碎得没找处了!

(一)作者自己注道:"'两个老鼠抬了一个梦'是绍兴谚语。小孩子说梦的时候,母亲常常这样说。"

(二)第二节第三节第四节这三节是女孩子心中的想头,用作者的口气说,所以说"她"(第三节第二行)。第五节也是,但是用女孩子自己的口气说,所以说"我"。

高尔基 /魏 信

一八九二年九月的某天,一个二十四岁的青年去访问《高加索日报》的编辑,把自己写的第一篇小说带给编辑看。编辑看了很感兴趣,决意给他在报纸上发表。可是那稿纸上还没有署名,署名是件缺少不得而又毫不重要的东西,那位未来的作家提起笔来,给自己创造了一个笔名:

"玛克辛·高尔基"

这笔名的意思是"痛苦的玛克辛"。到后来,那青年便以"高尔基"闻名世界,大家几乎记不清他原来的姓名是什么了。我们为了方便,只当他从小就叫做高尔基的吧。

在外祖父家

高尔基的孩子时代,是在他外祖父家过的。关于他父亲的事,高尔基知道得很少。外祖母告诉他,他祖父是个残暴的削职军官,虐待他父亲跟虐待兵士一样。那个时候,孩子生下来好像专为着被鞭打似的。他父亲受不住,只得逃跑;前后一共逃了五回,每回都给抓了回来,鞭打个半死。直到那残暴的老头子死了,他父亲才永远离开了家,到处流浪。最后,他父亲在下新城学会了细木工,成了家,新娘是一家洗染铺的姑娘。

高尔基出生在一八六八年；那时候，他们一家寄住在外祖父家里。外祖父跟他的几个舅舅脾气都非常坏，他们讨厌高尔基的父亲，甚至想害死他。他父亲是个很能容忍的人，于是悄悄地带了妻子跟孩子离开了他们。在五岁的那年，高尔基染上了霍乱症，幸运得很，他痊愈了。可是传染了他的父亲，他的父亲就死掉了。母亲只得带着他回外祖父家去。

外祖父家的生活是非常可怕的。他们一家人永远在争吵、谩骂、酗酒、鞭打中过日子，他们贪财，他们敬畏上帝。在那小城里，几乎家家是一样。幼小的高尔基憎恶这样的生活，憎恶那些小市民。

用温暖的爱来抚养高尔基的，只有他外祖母。外祖母是个温和的老妇人，她给高尔基说森林里的景物，说她凭自己的好心肠编成的故事。外祖母的嘴是高尔基的一本书——最喜爱的书。

另外还有个老妇人也常给高尔基说故事，说的是暴虐的地主，吝啬的商人，贪污的法官……这些全是高尔基所熟悉的；他周围所看到的，就是这些。可是他相信，外祖母故事里的好人一定也是有的。他想走遍天下，去找那些故事里的好人。

高尔基十岁那一年，他母亲害肺炎死了。外祖父家又遭了破产，高尔基不得不靠自己过活了。

教师·书·学校

开头，高尔基在皮鞋铺当学徒。他天天只忙些砍柴，洗盘子，擦地板等等零碎事情；真正的手艺一点也没有学到。有一次他碰翻了一锅子汤，把手烫坏了。等他在医院治好了手，皮鞋铺主人拒绝再收用他，他又到绘图师家里去当学徒。可是情形仍旧一样的坏，他于是逃跑了。在一艘输送囚犯的轮船上，他找到了一个洗碗碟的工作。

要洗的碗碟真多，高尔基一早忙到黑。他并不比囚犯自由多少；可是比当学徒好多了。从船舷望出去，平静广阔的河流，两岸的森林，草原，城镇，村庄，常使他想起外祖母的故事来。并且，在那船上，高尔基遇见了第一位真正的教师，看到了第一本心爱的书。

高尔基的第一位教师是个厨子，这厨子有很多书，他喜欢书喜欢得着了迷。他说："一个人想长得聪明，得多念点书；正当书也好，坏的魔道书也好，念得越多越好。把所有的书全念过，才能找到真正的好书。"他教高尔基念书，引起了高尔基终身对书的爱好。

由于喜欢书，高尔基对学校起了憧憬。十五岁那年，他受了人家的怂恿，贸贸然到喀山去，想去进大学。可是一到那儿，他才明白自己只是个衣衫褴褛的流浪汉，大学不是为他那样的人开设的。他只得做小工过日子，天天跟乞丐，流浪汉，脚夫，小贩在一起。那些人都很奇怪，他们没有一个是卑贱的、贪婪的、悲哀的，他们都很愉快，都看不起比他们过得好的小市民。

在喀山，高尔基认识了些个被除名的学生跟流浪的革命家。从他们那儿，高尔基借到了许多科学家、思想家、革命家的著作。高尔基也参加了他们的革命团体，常跟他们在一起阅读秘密文件，讨论革命前途，研究历史、经济、政治——高尔基在喀山，进的就是这样的一所大学。他还当过面包铺里的助手，常把革命的小册子藏在面包下面，带进学校去散发给学生们。

活下去

有一段时候，很多青年都因为不满意现状而感到忧郁，想迅速地使自己摆脱生活。高尔基也感染了这自杀的狂热。一个夜里，他用一枝廉价手枪对准自己胸部打了一枪。他立刻被人发现了，送进了医院。医生

说他没有救了,他却半清醒地说:"不,我不会死,我要活下去!"

他果真没有死。许多年后,他还不清楚自己为什么要自杀。

恢复了健康,他帮一个老革命家到乡间去开铺子,想在农民中间鼓吹革命;结果很惨,贫农非常愚昧,不能了解他们,富农又跟他们结下了怨仇。他们到处受排斥,连铺子也给烧了。高尔基无所容身,在一个火车站上当了一阵更夫。到了二十二岁,他回到故乡去应征兵役;由于他肺部受过枪伤,没有中选。他就在一家啤酒厂里做送货的工作。

那时候,他早开始练习写作了。有一次,宪兵来搜查他。那位官长看到他所写的,对他说:"你写诗这类东西吗?不如给柯洛连科去看看,可是,千万别干那一套"。"那一套"便是指革命。这呵斥却触动了高尔基,他真的带了自己得意的一首诗去见批评家柯洛连科。

柯洛连科很诚恳,他说高尔基的诗太费解,不怎么好,不如写一点亲身的经历给他看看。高尔基没有立刻照他的话做。一天晚上,高尔基坐在河边眺望。有人悄悄地在旁坐下来;原来就是柯洛连科。他问高尔基近来有没有新作品。看到高尔基摇摇头,柯洛连科说:"可惜了,我相信你是有才气的,也许你心境不好罢。"

高尔基的心境的确不很好,他不久便离开了家乡。

(一)听故事,看书,接触种种的生活,可以说是高尔基幼年时进修的途径。

(二)"大学不是为他那样的人开设的""高尔基在喀山,进的就是这样的一所大学",高尔基到底进了什么样的大学?

高尔基(续) /魏 信

认识俄罗斯

高尔基几乎走遍了俄罗斯,像有什么驱使着他似的。无数新奇的景物,一一印入他的眼中:海、河流、草原、山峰、马群、羊群、吉卜赛人、和尚、走私的、渔夫、浪人……还有风雪、野火。肚子饿的时候,他什么事情都做,用劳力来换面包。

在一个村庄里,他看到一个农民把自己老婆赤裸裸的套在一辆车子上,跟一匹马并在一起。那农民扬鞭赶着车走,轮流鞭打马跟老婆。村民们跟在车后大声嘲笑。高尔基看得冒了火。就挺身而出,为那女人打抱不平。却给村民们毒打了一顿,扔在泥潭里。要不是一个拉手风琴的发现了救了他,就把性命送掉了。

有一回,他走到另一个村子里,村子里正发生暴动。原因是政府派来的防牛瘟的官员擅作威福,给村民打了一顿。政府就派了兵来镇压,开枪打死了许多人。高尔基恰巧赶到,便给宪兵抓了起来。官长问他到处乱跑为了什么。这形迹可疑的流浪汉干脆地回答:"我要认识俄罗斯。"

最后,高尔基在高加索的一个城市里结束了他的旅程,他在火车修理厂找到了一个工作。在那个城里,他又交结了许多革命的学生和工人。他常跟朋友们讲述亲身的见闻。有个朋友怂恿他把旅途中的见闻写些下来。高尔基就开始写了，用了他所念过的许多名作家的笔调，像诗句又像韵文。那位朋友看了不以为然，他说那种浓艳的笔调削弱了文字的力量。他要高尔基重新写过，只要把看见的老老实实写下来就成。高尔基听从他的话，写了一篇小说。这的确是篇成功的小说，就是最初用"玛克辛·高尔基"的笔名发表的。柯洛连科看到了这篇，很愿意见见这位新作家，后来一见面，才知道这位"高尔基"原来就是以前做诗的那一位。

高尔基从此不断的写作，他的作品不论是诗歌，戏剧，童话，小说……题材大多是流浪中的见闻。他的作品朴实地描述着各种俄罗斯人的生活，是俄罗斯民众"自己的作品"，看了真能教人深切地认识俄罗斯。

高尔基与沙皇政府

两本短篇集子出版之后，高尔基的声名一天天地增高，沙皇政府对他的注意也一天天地加严。有一回，一个革命工人被捕了，高尔基受了株连，也给逮进牢里。宪兵想把他长期监禁起来，却找不到确实的证据，只得释放了他。可是他们仍旧不放松他，派了许多暗探，扮着各色各样的人，天天监视着他。

监视高尔基不是一件容易事。每天有很多景仰他的人来访问他；工人、戏子、艺术家、游历家、女学生、生意人，什么人都有。通过这些人，高尔基巧妙地继续进行他的革命工作，募集捐款，分散小册子，组织工人，阅读列宁发表的言论。高尔基永远跟民众生活在一起，在那样严格的限制下，他还给穷苦儿童筹划欢乐的圣诞集会，还给无家可归的流浪汉建立了一所休息所。

一九0一年，俄国发生了全国性的学生运动。——有个被捕的女学生不明不白地死在监牢里，过了十六天，官方才含糊地发表这新闻，因此引起了全国学生的愤懑。学生们在大城市里游行示威，沙皇政府便派遣骑兵冲散他们的队伍。高尔基写下了《海燕歌》，他说："暴风雨快要爆发了，让暴风雨来得厉害些吧！"

沙皇的暗探们知道高尔基直接参加革命运动。在他到圣彼得堡参加作者协会的归途上，又把他逮了起来。那时候，高尔基已经名震全国了。全国人民都为他向政府抗议，连托尔斯泰也为他请命。政府只得放了他，用监视的方法把他监禁在家里。后来他身体太坏，医生要他易地休养，政府借此押送他到南方去。启程那天，车站上挤满了民众，大家唱着革命歌欢送他们敬爱的作家。

一九〇二年，皇家学院决定邀请高尔基做名誉会员，因为沙皇反对，这决定就取消了。这件事恼怒了契诃夫跟柯洛连科，他们不顾沙皇的威胁，向皇家学院抗议这不适当的处置，毅然抛弃了自己的名誉会员的尊衔。

暴风雨终于来了

暴风雨终于来了。一九〇五年一月九日。二十万工人在圣彼得堡大游行，他们要觐见沙皇，他们带着请愿书，请求"皇帝陛下"稍稍减少他们的痛苦，好让他们苟延残喘地活下去。沙皇政府早知道这一回事，预先布置下军队来迎接这个请愿队伍，一声号令，枪弹便向密集的群众放过来。

高尔基也在这个请愿队伍里——他早从南方回来了。他亲身经历了这场惨杀。这是一场故意的凶杀，杀人的主犯便是沙皇。高尔基气愤得全身战栗，他立刻写了一篇控诉书，向全国人民控诉，向全欧洲舆论界控诉。这控诉书的手稿落到沙皇政府的手里，高尔基因此又被捕了。这

次的被捕却不是全国的人民来替他抗议了；整个欧洲的作家都替高尔基辩护。法郎士说得好，"高尔基不仅是俄国的，还是全世界的"。国外的舆论迫使沙皇让步。沙皇只得又把高尔基放了。他一放出来，立刻更积极地为革命工作尽力，这一年十二月的暴动，他也参与筹划的。

这次暴动仍归失败，沙皇又要逮捕高尔基了。受了朋友们的劝告，他就出国去避避风头。先后到过德国、法国、美国、意国、英国。在这几年的长期流亡中，高尔基并没有对革命失去信心。他发表了许多论文，要世界各国都同情俄国的革命，捐款回国帮助革命团体，阻止各国贷款给沙皇政府，他亲身到英国伦敦去参加革命党人的大会，他还写了许多宣传革命的小说。在意国，他耽得最久，列宁跟他住在一起，他们两个成了最亲密的朋友。直到一九一三年，沙皇政府颁布大赦，列宁就劝高尔基回俄国去。

高尔基回国后一年，第一次世界大战爆发了。高尔基反对这次战争，因为这次战争表面上虽说是为了"爱国"，实际上只是各国统治者的相互火拼罢了，所牺牲的劳苦的工人和农人却得不到一点好处。到战争的第三年上，全俄国的人民都觉悟了过来，兵士们调转枪口，迫使沙皇让位。

生荣死哀

革命成功之后，高尔基对工作仍旧没有放松，他不断地写作，为了建设新俄国的劳苦大众。他不相信文艺只是灵魂的安慰，他以为文艺的目的应该在唤醒人的灵魂，促使他们勇往直前。

一九二一年——他五十三岁那年，高尔基因为工作损害了健康，列宁就劝他到意国去休养。直到一九二八年他回国来，被选为苏联的中央委员。六十岁生辰的那一天苏联为他举行了一次盛大的祝贺，报章杂志都出专刊，各机关都举行演讲，各剧场都上演高尔基编的戏剧。

一九三二年是高尔基写作四十年纪念。各地举行了更盛大的庆祝。政府下令把他的故乡改名为高尔基城，授给了最光荣的列宁奖章，把莫斯科艺术剧院改为高尔基剧院，各学校都设高尔基文学奖金，还造了一架巨型飞机"高尔基号"，这飞机上有个小型印刷所。

一九三六年六月初，他染了感冒，后来转成肺炎。十八日清晨，他永远休息了。这消息立刻传播全国，莫洛托夫在红场的追悼会上，代表全苏联的人民说出了衷心的哀悼："高尔基是我们生命中最光荣的一页，他的逝世是人类最重大的损失。"

(一)"浓艳的笔调削弱了文字的力量""只要把看见的老老实实写下来就成"，这两句话，学写文字的人都该记住。

(二)"高尔基不仅是俄国的，是全世界的"，这句话什么意思？

织女星和牵牛星 /叶至善

秋天晚上，我们所看到的最亮的星是织女星。在初秋，晚上九点钟左右她越过我们的头顶；秋愈深，她越过我们的头顶的时间提得愈早。在这颗星的东方，白漾漾的云似的一片，断断续续地从北到南横过天空，这就是银河，也叫做天河。正像我们把北方的七颗星连成北斗一样，西洋人把织女星和附近的几颗星连在一起，成为一架七弦琴的样子，把它叫做天琴座。西洋人说这是古希腊音乐家奥佛士的七弦琴。奥佛士带了这七弦琴，曾到地狱里去寻找他那被毒蛇咬死的妻子。他在这七弦琴上弹出哀伤的曲调，竟使无情的死神也感动了。死神允许他把妻子带回去，可是嘱咐他在走出地狱之前，不准回头看他妻子一眼。奥佛士是多么想念他的妻子啊，将要走出地狱的时候，他再也忍不住了，回过头去只一看，他的妻子立刻像一缕烟似地消散了。奥佛士因此哀伤而死，他的七弦琴至今高挂在天空中。

我们中国关于织女星也有同样美丽的传说，说织女星是天帝的孙女，因此也叫做天孙。以这颗星的光辉的美丽柔和来说，确也当得起这个高贵的名号。天帝把他的孙女嫁给了牛郎，一个牧牛童子。他们两个结婚之后，你欢我爱的，把他们应做的工作抛弃了，一个不再放牛，一个不再纺织。这使天帝动了怒，命令他们一个住在天河的东岸，一个住在天河的西岸，每年七月七日(旧历)才得在天河中流相会一次。这故事充满了农人们的幻想。他们把自己的生活反映到天空里，以为在神的世界里，不论哪一个都该勤劳地工作，要是谁怠惰了，谁就该受到惩罚，连天帝的孙女也不能例外。这样平等的劳动世界显示出农人们对于人的世界的期望。可是历代的诗人大多把这一点忽略了，他们常把这个故事写入诗篇，来歌咏离愁别苦，着重的只在那一年一度的会面。这当然因为诗人们很少是农人出身的，他们不能体会农人们的思想。

那么牛郎在哪里呢？我们且把那白蒙蒙的银河当作一条真的河流，我们的眼光渐渐地向东南移，渡过了河流最宽阔的渡口，就遇到排成一直线的三颗星。中间一颗很亮，两旁的光芒较弱，与中间一颗的距离是相等的。用直线把这三颗星联结起来，正像一条两臂相等的第一种杠杆；因此，阿拉伯人把这三颗星叫做天平星，我们也有把他们叫做挑担星的。这中间一颗最大最亮的就是牛郎星——也叫做牵牛星。在秋天晚上，确实只有这一颗星能够和织女星相配，他的光辉稍稍带点儿黄，不及织女星亮，可是其余的星全比不上他。

如果我们一连几晚，每晚都观察牵牛星和织女星，就可以知道他们的关系位置是不变的，正如故事里所说的一样，一个在天河的东岸，一个在天河的西岸。可是我们也不要太相信了那个故事，在旧历七月初七的晚上，为了要看两星相会，白白地熬个通宵。天文学家告诉我们，这两颗星永远没有相遇的机会。他们和太阳一样，都是恒星。织女星的光辉是太阳的五十倍，牵牛星的光辉是太阳的九倍有余，只因距离我们太远了，所以看去只不过是两颗比较大的星。天文学家又告诉我们，织女星距离地球二十六光年，牵牛星距离我们较近，但也有十六光年。

什么叫做光年呢？光年是天文学上表示距离的单位，表示光一年所走的路程的长短。光的速度是每秒钟三十万公里，一天能走二百五十九亿二千万公里，这长度的三百六十五倍，就是一光年。这种用时间来表示距离的方法，在日常生活中也时常用到。譬如从成都到重庆有四百五十公里，我们步行的话，每天能走六十公里，因此我们说从成都

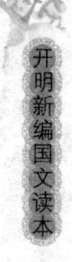

到重庆有七天半的路程。

太阳光从太阳射到地球上才八分十八秒钟,而织女星的光射到地球上要二十六年。这样一比较,就会使我们惊异得叫起来,"真了不得!有这么远!"可是天文学家听见了这个话,一定要笑我们少见多怪。他们会告诉我们,距离太阳几万光年的星不计其数,而十光年以内的星却只有十五颗。不多几年前,天文学家看到一颗星爆裂了,计算下来,知道这颗星爆裂的时候,在一千三百年前。这就是说,这颗星距离我们一千三百光年。天文学家还告诉我们一件奇怪的事,说恒星并不是真的不动,织女星以每秒钟十四公里的速度移近太阳,牵牛星也在移动,每秒钟接近太阳三十三公里,这速度和地球的公转速度——每秒二十九公里——差不多。可是天空是那样地广阔,因而我们观察不出来。按牵牛星的速度来说,也得九千年才比现在离太阳近一光年。那么在十六个九千年之后,他不是要和太阳相撞了吗?这我说不定在多少年代以后,他又离我们渐渐地远了。

那白漾漾的银河是什么呢?天文学家告诉我们,这是无数密集的小星,在天空绕成一周。所谓小星只不过我们看起来小,实际上有很多颗比太阳还大。这些星离我们更远。天文学家把银河所围绕成的空间叫做银河系。和地球是太阳系中的一员一样,太阳和别的恒星都不过是银河系中的一颗小星。这银河像一个扁平的车轮,直径约十万光年,而且像车轮一样在旋转着,因此各颗星都以不同的速度绕着中心在移动。太阳并不在这个大车轮的中心,与中心的距离约为银河半径的三分之一,所以和邻近的恒星都以每秒钟约三百公里的速度在转动。按这样的速度,也得二亿年才转一周。

那么银河系之外是什么呢?天文学家说,银河外面还有很多银河系,我们所看到的扁平的漩涡状的星云就是银河系外的银河系。因此天文学家猜想,在别的星云上看银河系,也是这么一团扁平的漩涡状

114

的星云。

　　看了这些天文上的时间和空间的数字，常会使人想起自己活在世界上，真是"寄蜉蝣于天地，渺沧海之一粟"。可是从另一方面想，那悠久的时间和广大的空间都不能逃出自然法则的支配，我们人研究各种自然科学，能够发现那些自然法则，这就是人的高明处。凭这点高明，我们就不必叹息生命的短暂和藐小了。

　　(一)关于星座，各地的人都有想象的故事。试想这是什么缘故？

　　(二)天文学的知识使我们有时间悠久和空间广大的观念。把人和许多星比起来，就见得人的生命的短暂和渺小了。文中说人自有高明处，不必叹息，能赞同这个说法吗？

冥王星的发现 /《科学生活》

在十年以前的行星图上，我们只见八大行星的名称，海王星是太阳系中最远的星了。但在今日的一般课本上，海王星外面又加了一颗新的行星，那就是冥王星。

冥王星怎样发现的？说来有一大段话。

在三十多年以前，有几个天文学家发觉天王星和土星并不依了预测的行程运行，它们似乎被一种外面的力量拉了出去，致有越轨的行动。不久海王星被发现了，大家以为就是这颗行星在那里作祟。但是把海王星加进去计算，仍旧不能和天王星实际运行的轨道相符合。因此大家又想，一定还有别种力量在暗中干涉天王星的运动。

美国阿理从那弗来格斯得府城有一所著名的罗威尔天文台。台长罗威尔博士是一位天文学家和数学家(他曾经研究火星，相信火星上有人类或似人的动物)，对于这个问题感到兴奋，便费了好多年的功夫，去计算和观察那些行星。

结果，在一九０五年，他有了一些发现。根据他的数字，他断定在海王星之外还有一颗行星，在那里拖拉木星和天王星。他称那颗星为"X行星"，意思就是未知的星。他便开始搜寻。可是在恒河沙数的众星之中，要找那么远的一颗行星是件不容易的事。他可以实行的只有一个办法，就是利用摄影机的镜头。他必须摄得那颗新生星，在预计的天空位置上。这也是一件非常繁重的工作。

他的天文台中全部人员都依照了计划做寻找新星的工作。他们把预算出来的新星所在的一块天空区分成非常微细的若干部分,每一部分都摄了影。第一批摄完之后,隔了两三夜,又就同样部分摄第二批照片。这样,他们可以研究和比较这些照片。假使一颗行星确实在那里出现的话,在这两套照片中便可以发现它移动的位置。他们曾经摄了数千张的照片。这是一件非常艰难费时的工作,因为每一张小小的照片,必得露光三小时左右,才可以得到那非常微弱的星光的影像。

以后罗威尔博士便着手研究和比较这些照片,这是比摄影还要艰难费时的事。每一张照片上至少有数十万颗星点,对于每一颗星都要用仪器去测量它的位置是否移动——即在今日,有了更精密更完备的仪器,也是一件不容易的事,——只有像罗威尔博士那样有毅力和恒心的人才敢着手这样伟大的工作。他研究了足足有十年功夫,十分耐心的摄影,量度,想发现海王星之外的那颗行星。但是结果并没有成功,他便希望得到一架较大的望远镜,再向天空中搜寻。不幸得很,他在一九一六年逝世了,永远停止了他的工作。

十三年之后,他的天文台购备了一具精密的望远镜,继续进行找寻新星的工作。看来那新星不应该再逃过他们的眼睛了,什么事情都预备得好好的,除了试验和计算,还有新的仪器和有训练的人员。但是结果失望得很,过了一年多,并无新的发现。

然而,"有志者事竟成"这句话到底是不错的。有一天,台中的一位研究员正在比较两星期以前所摄的两张照片,他发现一颗小点曾经移动,比较以前所摄的有两倍的距离。这或者便是所要搜寻的行星吧。如果确是行星的话,他们该可以根据第一张照片,计算出第二张照片上它所应据的位置。计算之后,结果确然如此。以后他们又知道这新星的光是黄色的,不像海王星的光作蓝色。这表示那里的空气和海王星不同,或者像水星一般,简直没有空气。

新星与太阳的距离,他们算出约为地球和太阳的距离的四十至四十三倍。因此那里的太阳光极弱,那里的温度非常之低。他们并不知道在那里一天有多少时间,但已发现这行星绕日一周,差不多要二百五十年之久。当然,它在那么远的地方兜着的圈子是很大的。

天文学家还发现一件奇怪的事,这颗新行星并不像其余的行星,有着近乎圆形的轨道,而且以太阳做中心。它一部分轨道离日较远,得到较少的日光,另一部分却离日较近,得到的热比较多些。这些天文学家每晚观察之后造成的星图,和计算下来的结果相对照,是非常符合的。

一九三〇年的三月十二日,是罗威尔博士的诞生纪念日,天文台便发表关于这X行星的文字,表扬罗威尔博士预测的正确。当时各方邮电庆贺,纷至沓来,那是无须说的了。

这新行星为什么定名为冥王星呢?原来外国人对于八大行星,都给题一个希腊神话中神的名字,如木星叫周比星,金星叫维娜斯。根据希腊神话,众神之王周比星有两个兄弟,一个是管理海洋的海王,一个是管理阴司的冥王。海王星是既经命名,这颗新星自然该称为冥王星了。天文学家在星图上把它缩写作凡,一则符合冥王英文名称的前两个字母,二则纪念这颗新星的发现人罗威尔博士,因为他的名字的缩写也是这两个字母。

(一)科学的发现,往往预知在先,发现在后,如冥王星发现之前二十多年,罗威尔博士就预知有这么一颗星了。这是因为科学家能够根据自然法则推算的缘故。

(二)费了这么多的时间和精力,发现一颗冥王星,或许有人要说没有用,不值得。这个说法对吗?

从昆明到重庆 / 冰 心

喜欢北平的人总说昆明像北平,的确的,昆明像北平。第一件,昆明那一片蔚蓝的天,春秋的太阳光和煦的晒到脸上,使人感觉到故都的温暖。近日楼一带就很像前门,闹哄哄的人来人往。近日楼前就是花市,早晨带一两块钱出去,随便你挑,茶花、杜鹃花、菊花……还有许多不知名的热带的鲜艳的花。抱着一大捆回来,可以把几间屋子摆满。昆明还有些朋友,大半是些穷教授,北平各大学来的,见过世面,穷而不酸。几两花生,一杯白酒,抵掌论天下事,对于抗战有信念,对于战后回到北平,也有相当的把握。他们早晨起来是豆腐浆烧饼,中饭有个肉丝炒什么的,就算是荤菜。一件破蓝布大褂,昂然上课,一点不损教授的尊严。他们也谈穷,谈轰炸,谈的却很幽默而不悲惨,他们会给防空壕门口贴上"见机而作,入土为安"的春联。他们是抗战建国期中最沉默最中坚的分子。昆明还有个西山,也有黑龙潭,还有很大的寺院,如太华寺、华林寺等。周末和朋友出去走走,坐船坐车,都可到山边水侧。总之,昆明生活很自由,很温煦——当然轰炸以后又不同一点了。

一种因缘,我从昆明又到了重庆。

从昆明机场起飞,整个机身浴在阳光里,下面是山村水郭,一小簇一小簇的结聚在晓烟之下。过不多时,下面就只见一片云海,白茫茫的,隐没了可爱的云南。

钻过了云海,机身不住的下沉,淡雾里看见两条大江,围抱住一片山地，这是重庆了，我觉得有点兴奋。战时的首都，一切政令军令的出发点，支持了三年的抗战，而又被敌机残忍的狂炸过的。倚窗下望，我看见一些颓垣破壁，上上下下的夹立在马路两旁，我几乎以为重游了罗马的废墟。这是敌人残暴与国人英勇的最好的记录。

飞机着了地，踏过了沙滩上的大石子，迎头遇见了来接的友人。

我的朋友们都疲了，都老了，然而他们是疲老而不颓倦。他们都很快乐，很兴奋，争着告诉我种种可以安慰的消息。他们说忙，说躲警报，说找不着房子住，说看不见太阳，说话的态度却也是幽默而不悲惨。在这里，我又看见一种力量，就是支持了三年多的骆驼般的力量。

如今我们也是挤住在这颓垣破壁中间。今年据说天气算好，有几天淡淡的日影，人们已表示无限的感谢。这使我们这些久住北平又住过昆明的人觉得寒伧。然而这里有一种心理上的阳光，光明灿烂是别处所不及的，昆明较淡，北平就几乎没有了。

重庆是忙，看在淡雾里奔来跑去的行人车轿。重庆是挤，看床上架床的屋子。重庆是兴奋，看那新年的火炬游行，童子军的健壮活泼和龙灯舞手的兴高采烈。

我渐渐的爱了重庆，爱了重庆的忙，不讨厌重庆的挤；我最喜欢的还是那些和我在忙中挤中共同工作的兴奋的人们，不论在市内，在近郊，或是远远的在生死关头的前线。我们是疲乏却不颓丧，是痛苦却不悲哀，我们沉静地负起了时代的使命，我们向着同一的信念和希望迈进。我们知道那一天，就是我们自己和全世界爱好正义和平的人们共同庆祝的一天，将要来到。我们从淡雾里携带了心理上的阳光，以整齐的步伐，向东向北走，直到迎见了天上的阳光。

(一)这篇写抗战期间的昆明和重庆，根据作者所接触，写那两处的人物的心情；当然，也就是作者自己的心情。

(二)"心理上的阳光"指的什么？

飞/朱自清

我从昆明到重庆是飞的。人们总羡慕海阔天空，以为一片茫茫，无边无界，必然大有可观。因此以为坐海船坐飞机是"不亦快哉！"其实也未必然。晕船晕机之苦且不谈，就是不晕的人或不晕的时候，所见虽大，也未必可观。海洋上见的往往只是一片汪洋，水，水，水。当然有浪，但是浪小了无可看，大了无法看——那时得躲进舱里去。船上看浪，远不如岸上，更不如高处。海洋里看浪，也不如江湖里。海洋里只是水，只是浪，显不出那大气力。江湖里有的是遮遮碍碍的，山哪，城哪，什么的，倒容易见出一股劲儿。"江间波浪兼天涌"，为的是巫峡勒住了江水；"波撼岳阳城"，得有那岳阳城，并且得在那岳阳城楼上看。

不错，海洋里可以看日出和日落，但是得有运气。日出和日落全靠云霞烘托才有意思。不然，一轮呆呆的日头简直是个大傻瓜！云霞烘托虽也常有，但往往淡淡的，懒懒的，那还是没意思。得浓，得变，一眨眼一个花样，层出不穷，才有看头。这是可遇而不可求的。平生只见过两回美丽的落日，都在陆上，不在水里。水里看见的，日出也罢，日落也罢，只是些傻瓜而已。这种奇观若是有意为之，大概白费气力居多。有一次大家在衡山上看日出，起了个大早等着。出来了，出来了，有些人跳着嚷着。那里一丝云彩没有，日光直射，教人睁不开眼，不知那些人看到了些什么，那么跳跳嚷嚷的。许是在自己催眠吧。自然，海洋上

也有美丽的日落和日出，见于记载的也有。但是得有运气；而有运气的并不多。

赞叹海的文学，描摹海的艺术，创作者似乎是在船里的少，在岸上的多。海太大，太单调，真正伟大的作家也许可以单刀直入，一般人离了岸却掉不出枪花来，像变戏法的离开了道具一样。这些文学和艺术引起未曾航海的人许多幻想，也给予已经航海的人许多失望。天空跟海一样，也大，也单调。日月星的，云霞的文学和艺术似乎不少，都是下之视上，说到整个儿天空的却不多。星空，夜空还见点儿，昼空除了"青天"、"明蓝的晴天"或"阴沉沉的天"一类词儿之外，好像再没有什么说的。但是初次坐飞机的人虽无多少文学艺术的背景帮助他的想象，却总还有那"天空任鸟飞"的想象；加上别人的经验，上之视下，似乎不只是苍苍而已，也有那翻腾的云海，也有那平铺的锦绣。这就够揣摩的。

但是坐过飞机的人觉得也不过如此。云海飘飘拂拂的，弥漫了上下四方，的确奇。可是高山上就可以看见；那可以是云海外看云海，似乎比飞机上云海中看云海还亲切些。苏东坡说得好："不识庐山真面目，只缘身在此山中。"飞机上看云，有时却只像一堆堆破碎的石头，虽也算得天上人间，可是我们还是愿看流云和停云，不愿看那死云，那荒原上的乱石堆。至于锦绣平铺，大概是有的，我却还未眼见。我只见那"亚洲第一大水扬子江"可怜得像条臭水沟似的。城市像地图模型，房屋像儿童玩具，也多少给人滑稽感。自己倒并不觉得怎样藐小，却只不明白自己是什么玩意儿。假如在海船里有时会觉得自己是傻子，在飞机上有时便会觉得自己是丑角吧。然而飞机快是真的，两点半钟，到重庆了，这倒真是个"不亦快哉"！

(一)这是一番议论，议论根据经验。经验告诉作者，海上和天空太大，太单调，未必可观。他这一篇就说明这层意思。话是从飞行说起的，当然天空是主，海上是宾。可是前半谈海上，后半谈天空，用的同样的劲儿，只在末了一句归结到飞行而已。

(二)谈到可观与否，为什么提及关于海和天空的文学艺术？

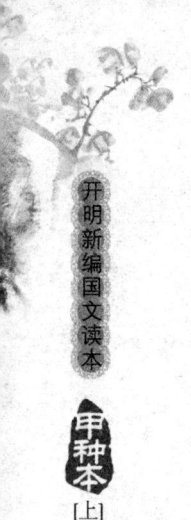

白杨礼赞 / 茅 盾

白杨树实在不是平凡的,我赞美白杨树。

汽车在望不到边际的高原上奔驰,扑入你的视野的,是黄绿错综的一条大毡子。黄的是土,未开垦的处女土,几十万年前由伟大的自然力堆积而成的黄土高原的外壳。绿的呢,是人类劳力战胜自然的成果,是麦田,和风吹送,翻起一轮轮的绿波——这时你会真心佩服昔人所造的两个字"麦浪",若不是妙手偶得,便确是经过锤炼的语言的精华。黄与绿主宰着,无边无垠,坦荡如砥,这时如果不是宛若并肩的远山的连峰提醒了你(这些山峰凭你的肉眼来判断,就知道是在你脚底下的),你会忘记了汽车是在高原上行驶。这时你涌起来的感想也许是"雄壮",也许是"伟大",诸如此类的形容词,然而同时你的眼睛也许觉得有点倦怠,你对当前的"雄壮"或"伟大"闭了眼,而另一种味儿在你心头潜滋暗长了——"单调"。可不是,单调,有一点儿吧?然而刹那间,要是你猛抬眼看见了前面远远的有一排——不,或者只是三五株,一株,傲然耸立,像哨兵似的树木的话,你的昏昏欲睡的情绪又将如何?我那时是惊奇地叫了一声的。

那就是白杨树,西北极普通的一种树,然而实在不是平凡的一种树。

那是力争上游的一种树,笔直的干,笔直的枝。它的干通常是丈把高,像加过人工似的,一丈以内,绝无旁枝。它所有的丫枝一律向上,而且紧紧靠拢，也像加过人工似的，成为一束，绝无旁逸斜出。它的宽大的叶子也是片片向上，几乎没有斜生的，更不用说倒垂了。它的皮光滑而有银色的晕圈，微微泛出淡青色。这是虽在北方风雪的压迫下却保持着倔强挺立的一种树。哪怕只有碗那样粗细，它却努力向上发展，高到丈许，两丈，参天耸立，不折不挠，对抗着西北风。

这就是白杨树，西北极普通的一种树，然而决不是平凡的树。

它没有婆娑的姿态，没有屈曲盘旋的虬枝，也许你要说它不美丽——如果美丽是专指"婆娑"或"旁逸斜出"之类而言，那么，白杨树算不得树中的好女子。但是它伟岸，正直，朴质，严肃，也不缺乏温和，更不用提它的坚强不屈与挺拔，它是树中的伟丈夫。当你在积雪初融的高原上走过，看见平坦的大地上傲然挺立这么一株或一排白杨树，难道你就只觉得树只是树，难道你就不想到它的朴质，严肃，坚强不屈，至少也象征了北方的农民；难道你竟一点也不联想到，在敌后的广大土地上，到处有坚强不屈，就像这白杨树一样傲然挺立的守卫他们家乡的哨兵；难道你又不更远一点想到，这样枝枝叶叶靠紧团结，力求上进的白杨树，宛然象征了北方的农民，尤其象征了今天我们民族解放战争中所不可缺的朴质，坚强，力求上进的精神。

(一)作者看出白杨树与北方农民有若干共同点，他赞美白杨树，其实是赞美北方农民。

(二)作者所见白杨树的精神是什么？

(三)倒数第一段连用了四个"难道你"，有什么表达效果？

杜　鹃 / 郭沫若

杜鹃，敝同乡的魂，在文学上所占的地位，恐怕任何鸟都比不上。

我们一提起杜鹃，心头眼底便好像有说不尽的诗意。

它本身不用说，已经是望帝的化身了，有时又被认为薄命的佳人，忧国的志士，声是满腹乡思，血是遍山踯躅，可怜，哀惋，纯洁，至诚……在国民的心目中成了爱的象征，这爱的象征感染了国民的感情。

而且，这种感情超越了"国民的"的范围，东方诸国大抵都受它的感染。例如日本，杜鹃在文学上所占的地位，并不输于本国。

然而，这实在是名实不符的一个最大例证。

杜鹃是一种灰黑色的鸟，毛羽并不美，它的习性专横而残忍。

杜鹃是不营巢的，也不孵卵哺雏。到了生殖季节，产卵在莺巢中，让莺替它孵卵哺雏。鹃雏比莺雏大，到将长成时，甚且比莺大。鹃雏孵化出来之后，每将莺雏挤出巢外，任它啼饥号寒而死，它自己独霸着莺的哺育。莺受鹃欺而不自知，辛辛苦苦的哺育着比自己还大的鹃雏：真是令人不平，令人流泪的情景。

想到了这些实际方面，便觉得杜鹃这种鸟大可以作为欺世盗名者的标本了。然而，杜鹃不能任其咎。杜鹃就只是杜鹃，它并不曾要求人把它认为佳人志士。

人的智慧和莺也相差不远，全凭主观的意想而不顾实际，例证多的是。因此有无数的人面杜鹃被哺育着，通乎去来今三世。

(一)自古以来诗人喜欢用杜鹃作诗料,只顾到杜鹃的传说(杜字的魂所化)与鸣声方面,没有考查杜鹃的生活情形。本篇从杜鹃的生活情形着眼,就得到了名实不符的意见。然而"杜鹃就只是杜鹃",名实不符还是人们造成的。

(二)最后一句含有什么意思?

我们的骄傲 /叶圣陶

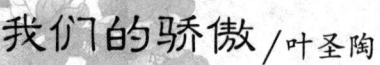

我们四个四十五以上的人一路走着，谈着幼年同学时候的情形：某先生上理科，开头讲油菜，那十字形的小黄花的观察引起了大家对于自然界的惊奇；某先生教体操，说明开步走必须用力在脚尖儿，大家听了他的话，就连平时走路也是一步一踢的了；为了教厨夫受窘，大家相约多吃一碗饭，结果饭桶空了，添饭的人围住饭桶大声呼喊，各各显出胜利的笑容；为了偷看《红楼梦》一类的小说，大家把学校发给的蜡烛节省下来，等到摇了熄灯铃，就点起蜡烛来，几个人头凑头的围在一起看，偶而听到老鼠的响动，以为黄先生查看寝室来了，急忙吹熄了蜡烛，伏在暗中连气也不敢透……

重庆市上横冲直撞的人力车以及突然窜过的汽车，对于我们都只像淡淡的影子。后来我们拐了弯，走着下坡路，那难走的坡子也好像没有什么了。我们的心都沉没在回忆里，我们回到三十多年以前去了。

邹君拍着戈君的肩膀说："还记得吗？那一次开恳亲会，你当众作文，来宾出了个题目，你匆忙之中看错了，写的文字牛头不对马嘴。散会之后。先生同学都责备你，你直哭了半夜。"

戈君的两颊已经生满浓黑的短须，额上也有了好几条皱纹，这时候，他脸上显出童稚的羞惭的神情，回答邹君说："你也哭了的。你当级长，带领我们到操场上去运动，你要踢球，我们要赛跑。你因大家不听你的号令，就哭到黄先生那儿去了。"

"黄先生并不顶严，可是大家怕他，怕他又不像老鼠见了猫，是真心的信服他。"孙君这么自言自语，好像有意把谈话引到别一方面去似的。

我就接着说："他的话不只是一句话，还带着一股深入人心的力量，所以能教人信服。我小时候，常常陪着父亲喝酒，有半斤的酒量。自从听了黄先生的修身课，说喝酒有种种的害处，便立志不喝了，一直继续了三年。在那三年之中，直是一点一滴都不曾沾唇。"

"教室里的讲谈能够在学生生活上发生影响，那是顶了不起的事情。"当了十多年中学校长的孙君感叹的说。

我们这样谈着走着，不觉已到了黄先生借住的那个学校。由校工引导，走上坡子，绕过了两棵黄桷树和一丛茂盛的慈竹，便到一座楼房的前面。上得楼梯，校工指着靠左的一间屋子，含糊地说了一句什么，便转身走了。我们敲那屋子的门。

门开了，"啊，你们四位，准时刻来了。"那声音沉着有力，和我们小时候听惯的一模一样。"咱们多年不见了。你们四位，往常也难得见面吧？今天在这儿聚会，真是料不到的事情。"

我在上海和黄先生遇见，还在十二三年以前。那十二三年的时间加在黄先生身上的痕迹，仅是一头白发和一脸纤细的皱纹。他的眼光依然那么敏锐有神，他的躯体依然那么挺拔不倚，岂但和十二三年前没有两样，简直可说三十多年来并没有什么改变。我这么想着，就问他一路跋涉，该受了很多辛苦吧。

黄先生让我们坐了，就叙述这回辗转入川的经历。他说在广州遇到了八次空袭，有一次顶危险了，落弹的地点就在两丈以外，他在生死浑忘的心境中体验到彻底的宁定。他说桂林的山好像盆景，一座一座的拔地而起，形状尽有奇怪的，可是没有千岩万壑茫茫苍苍的气概，就只能够引人赏玩，不足以移人神情了。他说在海棠溪小茶馆里躲避空袭，一班工人不知道利害，还在呼幺喝六的赌钱，他就给他们讲说，教他们非守秩序不可。

他说得很多，滔滔汩汩，有条理，又有情趣，也和三十多年前授课时候一个样子。

等他的叙述作个段落，邹君就问他自从家乡沦陷直到离开家乡的经过。

"我不能不离开了。"他的声音有些激昂，"我是将近六十的人了，不能像他们一样，糊糊涂涂的，没有一点儿操守。我宁愿挤在公路车里跑长路，几乎把肠子震断；我宁愿伏在树林里避空袭，差不多把性命和日本飞机打赌；我宁愿两手空空，跑到这儿来，做个无业难民；我再不愿停留在家乡了。"

听到这儿，我才注意那个房间。以前大概是阅报室或者学生自治会的会议室吧，一张长方桌七八只凳子以外，就只有黄先生的一张床铺，底下横放着一只破了两角的柳条提箱。若没有窗外繁密的竹枝，那个房间真太萧条了。

黄先生停顿了一下，就从家乡沦陷的时候说起。他说那时候他在乡间，办理收容难民的事情，一百多家人家，男女老小四百多人，总算完全安插停当了，他才回到城里。于是这个也找他来了，那个也找他来了，要他出来参加维持会。话都说得很好听，家乡糜烂，不能不设法挽救啊，不入地狱，谁入地狱啊，无非那一套。他的回答非常干脆，他说："人各有志，不能相强。你们要这么做，我没有那种感化力量教你们不这么做，可是我决不跟你们做。"接着他愤慨的说："这些人都是你们熟悉的，都是诗礼之家的人物。在临到试验的时候，他们的骨头酥了。我现在想，越是诗礼之家的人物，仿佛应着重庆人的一句话，越是要不得！"

一霎间我好像看见了家乡好些熟悉的人的状貌，卑躬屈节，头都不敢抬起来，尴尬的笑脸对着敌人的枪刺。"在他们从小到大的训练之中，从没有机会知道什么叫做民族的吧。"我这么想着，觉得黄先生对于诗礼之家的人物的感想是切当的。

黄先生又说拒绝了那些人的邀请以后，他们好像并不觉得没趣，还是时时和他纠缠不清。县政府成立了，要请他当学务委员，薪水多少；省政府成立了，要请他当教厅科长，薪水多少；原因是他以前当过省督学的职务多年，全省六十多县教育界的人物，没有谁比他再熟悉的。他为避免麻烦起见，就在上海一个教会女校里担任两班国文，人家有事情在那儿，你们总不好意思再来拖三拉四的了。于是他往上海去，咬紧了牙齿对城门口的日本兵鞠躬，侧转了头给车站上的日本兵检验"良民证"。说到这儿，他掏出一个旧皮夹子，从中间取出一张纸来授给我们看。他说："你们一定想看看这东西的。这东西上贴得有照片，我算是米店的掌柜，到上海办米去的。你们看，还像吗？"

我们四个传观了，"良民证"回到黄先生手里。黄先生又授给孙君说："送给了你吧。你拿到学校里去，也可以教你的学生知道，现在正有不知多少同胞在忍辱受屈，身上给敌人打着耻辱的戳记！"

孙君接了，珍重地放进衣袋里。黄先生又说他到了上海以后，半年中间，教书很愉快。那些女学生不但用心听课，还能够知道这是一个非常严重的时代，一个人必须在书本子以外懂得些什么，做得些什么。但是，到了两个月之前，纠缠又来了。上海的什么政府送来了一份聘书，请他当教育方面的委员，没有特定的事务，只要开会的时候出几回席，尽不妨兼任，月薪两百元。事前不经过商谈，突然送来了聘书，显而易见的，那意思是你识抬举便罢，如果要说半个不字，哼，绝对不行！

"我不能不走了。我回想光绪末年的时候，一壁办学校，一壁捧着心理学教育学的书本死啃，穷，辛苦，都不当一回事，原来认定了教育是一种神圣事业，它的前途是一个美善的境界。后来我总是不肯脱离

教育界,缘故也就在此。我怎么能借了教育的名义,去教人家当顺民当奴隶呢?我筹措了两百块钱,也不通知家里人,就跨上了开香港的轮船。"

"我们有黄先生这样一位先生,是我们的骄傲!"戈君激动的说着,讷讷的,说得不很清楚。

我心里想,戈君的话正是我所要说的。再看黄先生,他的敏锐的眼光普遍注射到我们四个,脸上现出一种感慰的神情。他大概在想我们四个都知道自爱,能够做一点正当事情,还不愧为他的学生吧。

(一)本篇记叙与黄先生一度的会晤,就从这中间表现出黄先生的性格。

(二)就本篇看,黄先生对于教育抱着怎样的见解?

旧家的火葬 / 夏衍

半个月前，接到妻从上海寄来的信，说六月一日游击队打到杭州近郊，把我们的旧家放火烧了。因为那屋子被敌伪占领了之后，开了一所很大的茧厂，所以除了屋子全烧之外，还烧毁了敌人已经收买了的几十万元的茧子。妻在后面附加着说："我们觉得很痛快，这至少对于你们沈家的那些不肖子弟给了一番不小的教训。"所谓不肖子弟是指我的侄辈，他们一度逃出了之后又回到故居，将祖传的屋子租给敌伪，过着准汉奸的日子。

我将信将疑。昨天深夜看到了中央社金华发的一个电报："浙东我某部于五月三十一日晚潜入杭垣，当在太平门外与敌发生激战，毙敌甚多。并将敌仓库多所及安利、正大两茧行全部焚毁。一时烈焰熊熊，火光烛天，城内秩序大乱。是役敌除死伤外，损失三百万元以上。"

消息证实了。正大茧行就是我的故居，我出生的旧家竟在这样的情形之下火葬了。和妻子一样，我也只能喊出"痛快"两字。

四十年前我出生在那古旧的大屋子里。那是一所五开间七进深的庄院。地点在杭县太平门严家衖，离城三里。屋子造于洪杨之前，所以一切都是老派。我懂得人事的时候，我的家衰落了，全家人不到十口，但是那一百年前修造的屋子，说得毫不夸张，至少可住五百人。经过数十年之后，许多雕花的窗棂破损了，但是合抱的大圆柱，可以做一个网球场的大天井，依旧夸示着它昔日的面貌。我在那破旧而大得不得体的旧

家度过了十五个年头。辛亥革命之后，我的哥哥因为穷困，几次要把屋子卖掉，但是在那时候竟找不着一个买得起那大屋子的买主。哥哥瞒了母亲，从城里带一个人来估看，我只听见他们在讨价还价，一会儿笑一会儿争之后，哥哥愤愤地说：

"单卖这几千块尺半见方的大方砖，和五百几十块青石板，也非三千元钱不可！"

我才知道我日常翻掘起来捉灰鳖虫的那些方砖也是这样值钱的东西。

据母亲说，那屋子是我们祖上"全盛时代"在乡下建造了而不用的"别墅"，本家住在艮山门内的骆驼桥，每年春秋两季下乡祭祖，才把那屋子作临时公馆。出太平门不远，就可以望见那座大屋子的高墙，那高得可怕的粉墙将里面住的"书香子弟"和外面矮屋子里的老百姓隔开了。不认识的人只要一问沈家，那一带的人会立刻回答："啊，墙里。""墙里"成了太平门沈家的代名，据说已经是将近一百年的事了。

但是，辛亥革命前后，我们的家衰落到无法生存的地步。屋子周围的田地和池塘渐渐给哥哥押卖了，只有那屋子，因为母亲反对，还保留着它古庙似的形态。夏天的黄昏曾从蛀烂了的楼板里飞出成千成万的白蚁，没人住的空房间里也会白昼走出狐狸和鼹鼠。但是墙里和墙外的差分，因为"墙里"人的日趋穷困，渐渐地撤废了。墙外的野孩子们成了我的朋友，我的记忆中也鲜明地留着冬天提了篮子到乡间去拾枯柴的一幅画图。

假如我母亲还在世，今年八十三岁了。在那个时代里，她算得一个性格奇特的人。她四十五岁死了我父亲之后，从不念一句佛，从不烧一次香，出嫁了的姊姊送她一串念珠，她丢在抽斗里从不理会。她不佞佛，当然也不信耶稣，反对中医，有什么毛病专服西药。从这种性格推广开来,她是个富于民主精神的人。她从不讨厌邻近的穷孩子到我家里来,也不禁止我和那些野孩子在一起。把自己吃用的东西省下来送给邻近的穷人,是她唯一的愉悦。我长大了之后从日本或者上海回去,总带给她一点糖和食品,她自己并不吃,却瞒着我们偷偷地送给那些终年赤脚的孩子。被我们看见了的时候,她说:

"我们吃得太多了。这种东西,在他们也许是一生也不会吃到的。"

但是,像她那样具有近代性格的人,对于这所古旧的屋子,却怀抱着使人不能相信的留恋与执着。我在中学毕业的那一年,她郑重的对我说:

"趁我活着,把这屋子分了吧。我一死,迟早会给你哥哥卖掉的。"

当时是"五四"以后,我对于这象征封建的"破庙"根本有了反感,所以不加任何考虑,随口地说:

"我不要,让他卖去!"

这句话伤了她的心,背着人哭泣了一整天,我也就从这时候离了"家"。"旧家"的影子在记忆里渐渐地淡忘了,直到抗战开始那一年的初夏,接到母亲病笃的消息而赶回去的时候。

随着时代的变迁,这旧家也有了几度的沧桑。第一次欧战之后,我国民族工业勃兴,我哥哥也在这封建的屋子里开过一个现代式的工厂,用新式的"机子"织杭纺。在"城外",这屋子算是第一所"工场"。浙江丝织业凋落了之后,"机子"停止了工作,在五年前,这屋子又成了"正大茧行"。那一年,因为哥哥要把母亲卧房侧面的"果园"改作屯茧的仓库,把"里园"的枣树和橘树砍掉,他们之间曾起过一次很大的冲突。结果是母亲失败了。我最后一次回家的时候,青葱的枣树园已经变了煞风景的"茧灶"了。我虽不曾亲自听见丁丁的伐木声音,但是

《樱桃园》最后一场的主人公们的心境，我是感受到的。

很有些时候，我感到潜伏在我意识深底的一种力量，要将我拖住在前一个阶段里。我挣扎，我残忍地砍伐我自己的过去。廉价的人道主义，犬儒式的洁癖，对于坚强的奋斗的避忌，这些都是使我回想到旧家同时使我恼恨自己的事情。而现在，一把火将象征着我意识深底的潜在力量的东西完全火葬了，将隔离了穷人的书香人家的墙在烈火中烧毁了。

我感到痛快，我感到一种摆脱了牵制的欢欣。

(一)旧家烧毁了，照常情应该感觉痛惜，作者却感觉痛快。本篇要旨在说出他感觉痛快的理由。理由在末了第二节。单说这一节，不能使读者明白，这就必须把关于那所大屋子的事情详细地说一番了。

(二)篇中有些印象很鲜明的话，你能指出来吗？

苦　恼 /契诃夫 著　胡适 译

黄昏时候，大块的湿雪在街灯的四周懒懒地打旋；屋顶上，马背上，肩上，帽上，也盖着薄层的湿雪。赶雪车的马夫郁那·卜太伯浑身都是白的，像个鬼一样。他坐在车箱上，动也不动，身子尽量向前弯；很像就是有绝大的雪块压在他身上，他也未必肯动手抖去似的。

他的那匹小雌马也全白了，也不动一动。她的寂静，她的瘦骨的兔棱，她的腿的挺直，看去竟像五分钱一匹的糖马。也许她是想出了神哩。从那灰色的田间风景里被拉到这种闹哄哄的地方，卸下犁耙在这奇怪灯光底下拖雪车，谁到了这步田地也不能不想出了神的。

郁那同他的小马停在这里好久了。他们是饭前出来的，到这时候还不曾做到一趟生意。夜色已经渐渐罩下来了。路灯的淡光渐渐亮起来了；街上渐渐热闹起来了。

郁那忽听见有人喊道："雪车！到维波斯伽！雪车！"

郁那惊起回头，从雪糊着的眼睫毛缝里看见一个军官，穿着陆军大氅，披着风帽。

那军官喊道："到维波斯伽！你睡着了吗？到维波斯伽！"

郁那把缰绳一拉，表示答应；大块的雪从马的肩膀上脊上飞下，那军官坐上了雪车。郁那喊着口号，伸长了头颈，站了起来，挥着鞭子。那雌马也伸长了头颈，曲起她的挺直的腿，缓缓地向前走。

"你这浑虫！往哪儿撞？"郁那听见前面颠来颠去的一大堆黑块里

有人喊着：

"你撞什么？靠右……右边走！"

那军官也狠狠地喊道："你车也不会赶，靠右边走！"

一辆轿式马车的车夫向他咒骂；路旁一个走道的正从雪车的马前走过，肩膀擦着马鼻子，他怒气冲冲地瞪了郁那一眼，抖去了袖子上的雪。郁那在车箱上坐立不安，好像坐在棘针上一样；摇着两手，眼睛滚来滚去，像中魔的人，不知道他身子在何处，也不知道他为什么在这里。

那军官带笑说道："这班促狭鬼！他们偏要撞到你前面，或是跌倒在马脚下，他们一定是故意的。"

郁那对那军官一望，嘴唇微动……他明明是想要说什么话，但没有说出来，只吸了一口气。

那军官问道："什么？"

郁那歪着嘴微笑，直着喉咙，枯燥地说道："我的儿子……我的儿子这个星期里死了，先生。"

"哼！害什么病死的？"

郁那把全身转过来朝着他的顾客，说道："谁知道呢？一定是热病。……他在医院里住了三天，就死了。……上帝的意旨。"

"转过身去，你这浑虫！"黑暗里有人喊着，"你这老狗，昏了头吗？你瞧，你往哪儿撞！"

那军官也说："赶上去！赶上去！你这样走，我们明天也到不了。快点。"

郁那只好把头颈又一伸，站了起来，摇着鞭子。他几次回头望那客人，只见他闭着眼睛，明明是不爱听他诉苦。

到了维波斯伽，放下了客人，郁那停在一家饭馆旁边，仍旧蜷着身子，坐在车箱上。……那湿的雪仍旧把他和他的马都涂白了。

一点钟过了，又过一点钟。

三个少年人，两个高而瘦的，一个矮而驼背的，一同走过来，嘴里彼此嘲骂，脚下的靴子蹬的怪响。

"车儿，到警察厅桥！"那驼背的用沙喉咙喊着，"三个人，二十个壳白。"

郁那把缰绳一抖。二十个壳白是太少了，但是这不在他心上，无论是一个卢布，是五个壳白，他都不计较，只要有生意就好。……那三人嘴里叽哩咕噜骂着，一拥上车，抢着要坐下。车上只有两个人的座位，叫谁站呢？吵骂了一会，他们才决定叫那驼子站着，因为他生得最矮。

那驼子站在郁那背后，呼气直呼到郁那的颈子里。他鼓起他的沙喉咙喊道："走罢!快走……咦，你戴的一顶什么帽子!京城里找不出比你更破的了。……"

郁那笑道："嘻——嘻!……嘻——嘻!不值得夸口！"

"算了，不值得夸口，快点走罢!……你只会这样慢慢的踱吗？嗳？你要我在你颈子上请你一下吗？"

那两个高的之中，一个开口道："我们头疼。昨儿在德马索那边我和法斯加两人喝了四瓶白兰地。"

那边那个高的狠狠地说道："我不懂你为什么说这种话。你说谎同畜生一样。"

"打死我，这是真话。……"

"真话！差不多同说虱子会咳嗽一样。"

郁那笑道："嘻——嘻!高——高——兴的先生们。"

"吐!鬼捉了你!"那驼子怒喊着，"你这老瘟鬼，你走不走？这算是赶车吗？还不鞭打她一下!浑虫!重重打她一下!"

郁那觉得背后那驼子的破沙喉咙和那颠来颠去的身子。他听见骂他的话，他看见来来去去的人，他觉得心里的寂寞反而渐渐减轻了一点。

那驼子骂他，咒他，直到后来一大串的咒骂把他自己的喉咙呛住了，咳个不住。那两个高的少年正在谈着一个女人叫做什么纳底希达的。郁那时时回头看他们。等他们说话稍稍停顿的时候，郁那回过头来说道："这星期里……唔……我的……唔……儿子死了！"

那驼子咳嗽完了，把嘴唇一抹，叹口气道："咱们都要死的。……快点赶！快点赶！朋友们，这样的爬，我可忍不住！什么时候才能到呀？"

"也罢，你鼓励鼓励他罢。脖子上给他一拳。"

"听见了没有，老瘟鬼？我要叫你喊痛。我们要同你这样的人客气，我们只好下来跑路了。老龟儿，听见了没有？你难道不管我们说什么吗？"

郁那听见了——可没有觉得脖子上的一拳。他笑道："嘻——嘻！……高兴的先生们。上帝给您健康！"

一个高的问道："车夫，你有老婆吗？"

"我？嘻——嘻！——高兴的先生们，我现在的老婆只是这个潮湿的地面了。……呵——呵——呵！……只是那坟墓了。……我的儿子死了，我还活着。……希奇的事，死错了人。……死鬼不来找我，倒找着我的儿子。……"

郁那转过身来，想告诉他们他的儿子怎样病死，但正当这时候，那驼子叹口气说："谢天谢地，我们到了。"

郁那接了那二十个壳白，瞪着眼看那三个少年走向黑暗里去。他仍旧是孤单单的一个人，仍旧没处开口。……刚才暂时减轻了苦痛，于今又回来了，并且格外刺心，格外难过。郁那眼巴巴地望着大街两旁来来去去的行人，这边望望，那边望望；这成千成百的人群当中，他哪里去找一个人来听他诉说他的苦恼呢？一群一群的人走过来，走过去，没有人睬他，也没有人睬他的苦恼。……他的苦恼大极了，是无穷无尽的。如果他的心爆开了，他的苦恼流了出来，定可以淹没这个世界。可是总没有人看得见。他的苦恼才不幸被装在这样一个微细的壳子里，就是白天打了灯笼去寻，谁也看不见。

一会儿，郁那瞧见房屋里走出一个看门的，带着一个包裹；他打定主意要和他攀谈。他问道："朋友，什么时候了？"

"快十点了。……你为什么停在这儿？赶开去!"

郁那把雪车赶开了几步，蜷起身子，仍旧去想他的苦恼。他想，对着别人说是没有用的了。但是不到五分钟，他又伸起头来了，把头一摇，像是感觉疼痛似的。他拉起缰绳来。……他忍不下去了。

"回去吧，回到车厂去吧！"

那匹小雌马好像懂得主人的意思，她小跑起来了。一点半钟之后，郁那已经在一个很脏的大炉子边坐下了。炉子上，板凳上，都有人睡着打呼。屋子里空气闷的很，有种种臭味。郁那看着这些睡着的人，抓抓自己的头，颇怪自己回来这样早。

"我今天挣的钱还不够买马吃的雀麦呢。……怪不得我要这样苦。……一个人要是会作活，要是有得吃饱，要是他的马也有得吃饱，就不会慌了。……"

屋子的那边，一个马夫坐了起来，睡眼模糊地咳一声嗽，伸手去摸水桶。

郁那问道："要喝一口吗？"

"好像是的。"

"盼望你喝口水会好一点。……可是我的儿子死了——你听见吗？这星期里，死在医院。……不幸的事。……"

郁那看看这几句话会发生什么影响，但他看不出什么。那个马夫喝了水，蒙着头又睡了。郁那叹口气，抓自己的头。……那马夫害渴要喝水，郁那害渴要说话。他的儿子死了快一星期了，他还不曾真正同谁谈过。……他想正正经经地谈一回。细细地谈一回。……他想诉说他的儿

子怎样得病，怎样痛苦，临死之前怎样说话，死的时候什么样子。……他想诉说他的儿子死后的丧葬，他自己怎样到医院去讨回他儿子的衣服。他还有一个女儿阿二在乡下。……他也想谈谈阿二的事。……是的，他要说的话多着呢。听他的人应该叹气，应该感动，叫喊，应该恸哭。……最好是对妇女们谈谈。妇女们虽是蠢东西，他一开口，她们就要哭了。

郁那想："让我去看看我的小马。睡觉还早呢。……"

他穿上外衣，走到马房里。他想着马吃的雀麦和草料，想着外面的天气。……他在没有人的地方是不能想着他的儿子的。他可以对人说他的儿子；但是空想着他，想象他的样子，那是受不住的痛苦。

郁那在暗地里忽然瞧见那雌马的发亮的眼睛，他就问道："你在嚼草吗？你嚼吧，嚼吧，……我们挣的钱不够买雀麦，只好吃草了。……是的，……我老了，赶不了车了。……我的儿子应该赶车，我不行了。……他才是个马夫呢。……他应该活着。……"

郁那沉默了一会，接着又诉说道："是这么一回事，老太婆(指雌马)……库司麻(他儿子的名字)死了。……他同我告别了。他无缘无故的死了。……倘使你有一匹小马，你是他的亲生娘。忽然你的小马儿去了，死了。……你不伤心吗？……"

那小雌马嚼着草，听他诉说，她嘴里的热气呼到郁那的手上。郁那忍不住了，就把他的悲哀全告诉她了。

(一)郁那的苦恼是"有苦没处说"。他所希望的不过是"听他的人应该叹气，应该感动，叫喊，应该恸哭。"可是，竟没有听他的人。结果只能向小雌马诉说，可见他的伤痛之深。

(二)军官，三个少年，看门的，口渴的马夫，他们全不理会郁那的诉说。一个人觉得非常伤痛的事，在旁人却看得稀松平常。这是什么理由？

猫的天堂 /左拉 著 刘复 译

我有一只安戈兰地方出产的猫,是一位姑母遗留给我的。这只猫是我从来没有见过的蠢畜生。瞧,这就是它向我讲的故事,是一个冬天的晚上,它坐在温暖的火炉旁边讲的。

一

那时候我两岁,我真是人家从没见过的一只最臃肿最颠顶的猫。在那弱小的年龄,我还自负得了不得,以为这温暖的家居生活,是我们畜类应当痛恨的。可是多谢天公,他竟把我安排到了你姑母的手里!这位好太太真疼爱我。在一个柜子的底里,她给我铺设起一间真正的卧室。枕头是羽毛做的,被盖是三重的。食料也和卧具相称。从不给面包,从不给汤;给的尽是肉,而且是好的,煮得半熟的,带着鲜血的肉。

好!在这种舒适的生活中间,我却只有一个愿望,只有一个梦想:就是要从窗洞中溜出去,到外面屋顶上去跳动跳动。你姑母的抚摩早叫我讨厌了;床上的软适也使我腻烦得要作呕了;我的身体也愈长愈胖,要把我闹出病来了。因此我整天的愁闷,想要得到些快乐。

我应当向你说,把我的颈项伸长了,我就可以隔着窗看见对面的屋顶。那一天,有四只猫在那里打架,竖着毛,翘着尾巴,在蓝色的石板上滚来滚去,晒着老大的太阳,赌着快乐的咒。我从来也没有见过这样

的一个奇景。从此以后,我的信仰就固定了。我知道真正的幸福就在屋顶上,就在这一扇关得紧紧的窗的那一面。我也有我的证据:人家把柜子的门都关得紧紧的,门的那一面可就是人家藏着的肉。

于是我准备起逃走的计划来了。在一生中,除了煮得半熟的,带着鲜血的肉以外,总应该还有些别的东西。这东西就是"不可知",就是理想。

一天早晨,人家忘了把厨房里的窗子关上,我就捉空儿一跳跳了出去,刚好跳在窗底下的一个小屋顶上。

二

这屋顶多美啊!屋顶的四周有水槽围绕着。从水槽中发出一种很甜美的气味。我畅畅快快地循着水槽走;我的脚就踏在槽底的烂泥里。这烂泥的温和与柔润是无可形容的;我就好像在天鹅绒上走路一样。天气又好;太阳的热力把我身体的脂肪都晒得融化了。

不瞒你说,我的四肢都在发抖。在我的快乐中,还夹杂着许多的恐慌。我记得特别清楚的,是那时着了忙,几乎站不稳脚,要从屋上跌往地下去。原来有三只猫从别人家的屋顶尖上滚到这边,就对着我跑来,狠狠的大叫。我吓得几乎晕倒;他们可把我当作个大傻瓜,说他们这样叫只是开开玩笑罢了。于是我也混在他们中间一起叫。这种大叫可真有趣啊!他们并不像我这样的痴胖。我走路一不留神,踏到了太阳晒烫了的水槽边,身体便球也似的滚翻了,他们就拿我大大的讪笑了一回。他们中间有一只老雄猫可对我特别要好,他愿意指教我,我自然就接受了他这番好意,而且谢谢他。

啊!现在是远离了你姑母的温存了!我要喝水就在水槽里喝。那美味是调糖的牛奶绝对比不上的。我觉得一切都好,都美。……

三

这样散了一点钟的步，我可饿极了。

我问我的朋友老雄猫："我们在这屋顶上吃些什么呢？"

"找到什么就吃什么。"他带着一种学者的态度说。

这个回答可叫我为难了。我苦苦的找了一番，什么都找不着。后来才看见在一个破烂的屋子里，有一个年轻的做工女人，正在预备她的中饭。靠窗的桌子上，放着一块很好的肋条肉，颜色鲜红，正配我的胃口。

"瞧，这可合用。"我自己呆头呆脑的想。

于是我一跳就跳到了那张桌子上，衔起那块肋条肉来。那做工的女人可看见了；她提起一把帚子来在我的颈脊上死命的打了一下。我放去了肉就逃，把她狠狠的诅咒了一声。

"你跑到你自己的村庄外面去了吗？"老雄猫说，"那桌子上的肉是预备给远处的人吃的。你要找，应当在这水槽里找。"

我从来也没有懂得，为什么厨房里的肉不是给猫吃的。此刻我的胃真在没命的作难我了，而那只老雄猫可又叫我大失所望。他说："我们应当等到晚上。到了晚上，我们就可以下了屋，到街上的垃圾堆里去找食吃。等到晚上！"他这样冷冷静静的说着，像个硬心的哲学家。而我，我想到了还要挨这么许久的饿，身体就不禁摇摇欲倒了。

四

夜慢慢的来了。这是个有雾的夜，我几乎给冻僵了。不久就下雨。雨是小的，可是往身上直钻，再加上一阵阵的风把它吹打着。

我们从一座楼梯顶上的天窗孔里下了屋。吓!现在的街道,在我看来多丑啊!它已没有从前那样的好热光,已没有从前那样的老大太阳,已没有从前那样的闪着光的白色屋顶,就是我们在上面畅心快意打滚的。阶沿上满是泥浆,脚走上去一步一滑。我这时候真苦苦的想到了我那三层的被盖和那羽毛的枕头了。

我们一到了街上,我的朋友老雄猫就寒颤了一会。随后他把他的身体缩得小小而又小小的,沿着人家的门口偷偷的走着,而且叫我快快的跟着他。后来走到了一间车房门口,他连忙躲在旁边,口中呜呜的,好像很满意。我就问他:"我们为什么要这样躲着?"

他说:"你没有看见那人拿着一个筐子和一个铁钩吗?"

"看见的。"

"看见的就好啦!要是他见了我们,少不得要把我们打死了油炙了吃!"

"油炙了吃!那么这街道也不是我们的吗?我们不能吃,可要给人家吃!"

五

幸而那时候人家已经把垃圾倒在门口了。我一堆一堆的去搜寻,可是仍然大失所望。我只找着了两三块没有肉的骨头,还是在炉灰中擦抹过的。到了此刻,我才知道那鲜肉中所含的汁液是多么丰富啊!我那朋友老雄猫搜寻垃圾堆,可真像个艺术家一样。他带着我一堆一堆的去拜访,不慌不忙的,直到了天亮为止。这时候我已挨了将近十个钟头的冷雨,全身没有一处不瑟瑟的抖。啊!该死的街道!该死的自由!我多么想回我那牢狱啊!

天亮了,老雄猫看我要软瘫下去了,他就换了一种声口问我:

"这样的生活你过够了不是?"

"啊,够了!"我说。

"你要不要回家去呢?"

"那自然。可是,哪里还找得到我的家呢?"

"你跟我来。昨天早晨你走出来的时候,我早就想,像你这样一只肥头胖耳的猫,生来就不配享受自由中的艰辛的快乐的。我知道你的住处;我送你到门口就是了。"

这只老实的老雄猫只简单的说了这几句话。等我们到了门口时,他向我说:

"再会吧!"他也没有向我表示一些别离的情感。

我叫道:"不行。咱们俩不应该这样就分别了。你与我同到里面去。我把我的床和我吃的肉与你平分。我的女主人是一位好好太太……"

他没等我说完,就抢着说:

"闭你的嘴!你这个蠢东西!在你那安乐窝中,我非死不可。你那种丰腴的生活只有杂种贱猫觉得好。自由的猫决不愿意把一个牢狱的代价来购买你所吃的肉和你那羽毛的枕头。……再会吧!"

他又上屋去了。我看着他的大而瘦的影子,很舒适的和那初升的太阳光互相抚摩着。

我进了屋子,你的姑母拿起掸帚来把我教训了一顿,我也用我的深挚的欢悦的心承受了。我大大的领略了一番这温暖而挨打的欢欣。当她打我时,我早在做着美大梦,知道她打完了就要给我肉吃了。

六

我的主人啊,你瞧,——我的猫在炉火的前面,把身体伸得长长

的，说出它的结论来，——真正的幸福与天堂，就是关闭在一间有肉吃的屋子里挨打。

我说的是猫的事。

(一)这一篇当然有它的寓意。寓意是什么？

(二)关闭在一间有肉吃的屋子里挨打。当然是不自由。还有更坏的不自由吗？

"好儿子——" /瓦希列夫斯卡 著
曹靖华 译

一条路从西方通到东方，另一条从北方通到南方。两条路相交在一座高高的小山上，那里有个村庄。房子成行的低低的处在两条路的旁边，构成个十字。村中间的小小的广场上，兀立着一座教堂的小钟楼。被冰雪封着的小河，在下边，顺着山脚的低谷蜿蜒而去。只有些地方，碧蓝的河面破裂了，滚滚的波浪在裂口处显着黑色。

一个女人挑着水桶，从家里出来。水桶合着她的慢慢的步调摇摆着。她谨慎小心地踏着滑溜的小路，沿着山坡，往下走去。阳光照得她的眼睛合成了缝。那辉耀的锐利的光芒，从雪堆上反映过来，把人的眼睛都弄花了。她走到山下。把水桶放到冰面的裂口上，张望了一下。一个人也不见。房屋静悄悄的兀立着，好像沉没到雪的绒毛里似的。她站了一会，心神不安地向上边的村庄张望了一下，慢慢地顺着河边走去了。

小河转个弯儿，转入满生灌木的更深的山谷里去了。枝条从很厚的冰下微微的伸出来。通过草木丛，有一条隐约莫辨的窄窄的小路。她向那儿走去了。冻结的灌木丛在周围沙沙的发响，她勉强的向前走着。上边的树枝撩着她的脸，她把那些披着冰甲，敷着绒毛似的雪花的尖树枝，用手拨到一边儿去。

小路突然中断了。她停住脚，用呆钝的玻璃似的眼睛向前望着。这儿的田地都在小丘上，在裂口里，在高岭上，在窄谷里。有些地

方孤零零的生着灌木丛。可是她既不看那盖着雪的山丘,又不看那灌木丛,也不看那间或残留着去年秋天的红果子的野蔷薇。

一些莫可言状的黑色的轮廓,处处从雪下露出来。还可以看见一堆堆褴褛的衣服,以及生了锈的碎铁片。

她又走了两步,就慢慢的跪下来。他僵硬的,笔直的躺着。虽然如此,可是总觉得他小些,比生前小得多。脸好像用乌木雕成的。她用眼睛对这脸上,对这熟识的却又看不顺眼的脸上,望了一下。嘴唇死死的冻结着,鼻子尖起来,睫毛盖到眼睛上。这脸上表现着铁石一般的镇静。在脸旁,紧靠太阳穴,张着个圆圆的小孔。孔边上凝着血,异常鲜红的血。

他显然不是因为这个伤一下子就死了的。当人家从他身上剥去衣服的时候,他显然还活着,或者身体还暖着呢。这不是自己死去的,是强盗们的手把他的腿拉直,把他的胳膊顺着身子拉直的。在作战的那天,在他阵亡的那天,正是隆冬的天气,于是严寒立刻把死者的身体变成石头了。他们从死者身上没有什么可剥了。他们脱去了他的军用大衣、皮靴、裤子,甚至连包脚布都剥去了,只留下小褂裤。蓝色的衬裤仿佛生在身上了似的,好像用洋蓝在木头上画成的一般,竟辨不出皮肤和布来。光脚板同黑面孔对照起来,成了白得出奇的石灰色。一只脚掌冻裂了——死肉好像鞋掌似的脱落下来,露出了骨头。

她谨慎小心的伸着手,在死者的肩上摸了一下,感觉到小褂的粗呢和它下边的石头一般的尸体。

"好儿子……"

她没有哭。干巴巴的眼睛望着,看着,感受着一切。感受着儿子的黑铁似的面孔。感受着太阳穴上的小孔,脱落的脚掌,和那表现临死的痛苦的唯一现象——那好像弯爪似的痉挛的插入雪中的手指。

她把被风吹到她向后掠着的黑发上的雪,轻轻的抖擞了一下。一缕黑发落在尸体的额角上。她不敢去动它——那一缕头发贴在伤口上，黏在伤口上。

她屡次想把这一缕头发揭起。可是她不敢揭它，不敢动它，好像这可以使死者发痛，可以刺激他的伤痕似的。

"好儿子……"

焦干的嘴唇机械的低语着，仿佛他可以听见似的，仿佛他可以睁开那重重的黑睫毛，用那亲人的灰眼睛看一眼似的。

她发着呆，眼睛凝视着黑脸。她觉不着冷，觉不着两膝的麻木。

乌鸦从山谷里一棵孤树上飞起来。它沉重的鼓着翅膀，兜了个圈子，落到灌木丛下的一堆破衣服上，歪着头，凝视着，殷红的血斑浸透了被子弹打穿了的呢小褂。乌鸦凝然不动，仿佛在沉思似的。后来就用嘴啄起来了。起了一阵硼硼声。严寒把它的工作做好了；一个月以前这儿剩下的一切，都变成石头了。

她从麻木里清醒过来。

"咦叶！"

乌鸦艰难的飞起来，又落到几步远的盖着雪的一具尸体上。

"咦叶！"

她拾起一团雪，向乌鸦掷去。乌鸦跳了一下，就懒洋洋地飞到原来的树上去了。她站起来，叹了一口气，又对儿子望了一眼，就由小路上去了。

她在冰面的裂口上，弯着腰儿取水，在满满的两桶水的重压下，弯着腰儿慢慢地往上走着。这时候太阳升高了，可是严寒并不稍减。那时的雪色是碧蓝的，可是她不知道那雪果真是蓝色呢，还是她的眼睛被她儿子的石灰色的腿上那蓝衬裤的颜色映花了呢。

(一)那女人的儿子是德军入侵的时候战死的。德军占领了那地方，命令所有战死的人的尸体不许埋葬，也不许去探望，所以那女人只能偷

偷地去探望。

(二)这篇文字像一幅图画。景色是惨凄的,静寂的,可是反衬出母亲爱儿子的深情。她不敢揭去那一缕头发,深情可以想见。

买旧书 / 施蛰存

我乡姚宛雏先生有诗句道："暇日轩眉哦大句，冷摊负手对残书。"近来衣食于奔走，殊无暇日，轩眉哦句之乐已渺不可得，只有忙里偷闲，有时在马路边看见旧书店或旧书摊，倒还很高兴驻足一番。我觉得"冷摊负手对残书"的确是怪有风味的。

上海的旧书店大概可以分为三种。第一种是卖线装旧书的，这等于古董店，价钱比新书还贵。第二种是专卖中西文教科书的，每学期开始时生意兴隆得很，因为会打算盘的学生们都想在教科书项下省下一点钱来，留作别用，横竖只要上课时有这么一本书，新旧有什么关系呢。第三种是卖一般读物的西文书的，也就是我近年来常常去消遣这么十几分钟的地方。

在中日沪战以前，靶子路虬江路一带有几家旧书店，虽然属于卖教科书的，但是也有些文学艺术方面的书。我的一部英译《莫泊桑短篇小说全集》便是从虬江路买来的。

西文旧书店老板大概都不是版本专家，所以他们的书都杂乱地堆置着，不加区分，你必须一本一本的翻，像淘金一样。有时你会在许多无聊的小说里翻出一本你所悦意的书。我的一本第三版杜拉克插图本《鲁拜集》，就是从一堆会计学书里发掘出来的。但有时，你也许会翻得双手乌黑，却一无所得。可是你不必抱怨，这也正是一种乐趣。

蓬路口的添福书庄，老板是一个曾经在外国兵轮上当过厨子的广东

人，他对于书不很懂得，所以他不会讨出很贵的价钱来。我的朋友戴望舒曾经以十元的代价，从他那里买到一部三色插图本《魏尔仑诗集》，皮装精印五巨册，实在是便宜的交易。

说到这部《魏尔仑诗集》，还有一个好故事。望舒买了此书之后一日，来了个外国人，自称是爱普罗影戏院的经理，他上一天也在添福书庄看中了这部书，次日去买，才知道已经卖出了，他从书店老板处问到了望舒的住址，所以来要求鉴赏一下。我们才知道此公也是个"书淫"，现在他已在愚园路和他的夫人开了一家旧书铺。文学方面的书很多，你假如高兴去参观参观，他一定可以请你看许多名贵的书籍——初版本，限定本，作家亲笔签字本。他的定价也很便宜，一本初版的曼殊斐儿小说集，《Something Childish》只卖十五元，大是值得。因为这本书当时只印二百五十部，在英国书籍市场中，已经算是罕见书了。

买旧书还有一种趣味，那就是可以看到各种不同的题字的藏书帖。我的一本爱德华利亚的《无意思之书》，本来是一种儿童用书，里页上却题着：

To John

　　Fr.his loving wife Erza

　　　　X'mas,1917

从此可以想见这一双稚气十足的伉俪了。藏书帖是西洋人贴在书上的一种图案，用意等于我国的藏书印，由来亦已甚古。在旧书上常常可以看到很精致的。去年在吴淞路一带专卖旧日本书的小山古书店里看见一本书中贴着一张浮世绘式的藏书帖，木刻五色印，艳丽不下于清官《百美图》，可惜那本书不中我意，没有买下来。现在倒有点后悔了。

(一)这一篇就买旧书这回事随便谈谈，集中在买旧书的趣味。

(二)篇中有些文言的语句和词儿，试一一指出。

冬 晚 / 靳 以

在那北方的古旧的大城里，冬日自有它的威严。几个人从茶店中出来，立刻拉起衣领。时间才只十点钟，已经路静人稀了。

风虽然稍稍小了些，寒冷却好像更甚了。冰冻的路面反映着点点的灯光，踏在上面，发出清脆的声音。

"我们回去吧。"

一个人这样说了，几个人就同时踌躇起来。每次总是这样，茫然立在路边，颇有无所适从之苦。叫做"家"的所在自然等在那里，可是不经提起，似乎谁也不会想到的。

两个向南去了，我们三个该向北去。因为还有一段颇远的路，我们只得叫车子。原以为路是冷静的，谁知一声呼唤之后，许多辆车子都朝我们冲来了，车夫争着说：

"您到哪儿？我拉您去。"

待把地名说出，他们就讨价，没等我们还，他们就把价钱一直减下去。

"一毛钱。"

"四十枚。"

"三十六个吧。"

"三十枚我送您回去。"

听到这样的价钱，就说就是三十枚，要三辆。那第一个开口的立

刻嚷着是他先讲好了的，另外两个也争着附和。这样说定了，我就走近第一个车夫。虽然衣领遮蔽了我半部的脸，我的眼睛还能清楚地看到那只是一个十四五岁的孩子。当他把车把儿放下时，我并没有坐上去。他说：

"您请坐上去吧。"

我没有回答他，也没有移动我的脚。他好像知道了，就朝我说：

"您放心，准保没错儿，送您平安到家。"

"我，我倒没有什么，只是你……"

"我今年十九啦，拉了二年半的车。"

这显然是不确实的，看他那样子，最多也不过十六岁。

"你知道到那里去还得爬一座桥，路又不近……"

"我常走，您就上车吧。"

大概由于过度的寒冷，他的声音有些发抖。在阴暗的灯光下，我看见他那瘦小的脸。他的身子又显得那么单薄，像是还害着病的样子。

"我还是换一辆吧，我怕——"

话没有说完，就有一辆车冲到我面前，可是我并不就上去。我从衣袋内掏出一些钱，授给那个失望的车夫。

"你不用拉我了，这点钱给你。"

他坚决地摇着头，俯下身子拾起了车把儿，眼睛里冒着愤怒的光。

"你的年纪太小，你不该拉车，太劳苦了会伤害你的身体。"

我加上解释。他给我回答了：

"我二十八啦！我的年纪一点也不少，我的家里人都看我不小，看我该养家了。"

"拿去这点钱吧。"

"凭什么我拿你的钱？我要卖力气才赚钱的！"

他说完，什么也不顾，径自掉头去了。我站在那里，像呆了一样。

156

我的两个友人的车子早已走了,只我一个人还站在那里。我觉得十分孤独,我觉得我只是活在一个陌生的世界中,我一点不懂得别人,别人也许也不懂得我。他也许是对的,难道是我,我错了么?握着铜元伸在冷空里的手觉得有些僵了,我只得缩回来。

我的心也冻结了,在这寒冷的冬夜,在那严酷而怀恨的眼光里,

我坐上了车,一任他送我到任何地方去。

(一)作者的想法当然不错,年纪小,不该拉车,太劳苦了会伤身体。可是那车夫的想头全不在那些方面。他只要有主顾,得到少量的车钱。他又有卖力气赚钱的教养,不肯白拿人家的钱,所以作者好意给他钱,他"掉头去了"。

(二)那车夫先说今年十九岁,后来又说"我二十八啦!",后面的说法是他的愤激话。

野 店/李广田

太阳下山了，又是一日之程，步行人也觉得有点疲劳了。

你走进一个荒僻的小村落——这村落对你很生疏，然而又好像很熟悉，因为你走过许多差不多的小村落了。看看有些人家的大门已经闭起，有些也许还半掩着，有几个人正迈着沉重的脚步回家，后面跟随着狗或牛羊，有的女人正站在门口张望，或用了柔缓的声音在招呼谁来晚餐，也许，又听到几处闭门声响，"如果能到那家的门里去歇下呀。"这时候你会这样想吧。便走不多远，你便会发现一个小店待在路旁，或十字路口，虽然明朝还须赶路，而当晚你总能作得好梦了。"荒村雨露眠宜早，野店风霜起要迟。"这样的对联会发现在宽大而破陋的店门上，有意无意地，总会叫旅人感到心暖吧。在这儿你会受到殷勤的招待，你会遇到一对很朴质很温良的店主夫妇，他们的颜色和语气会使你发生回到了老家的感觉。但有时你也会遇着一个刁狡的村少，他会告诉你到前面的村镇还有多远，而实在并不那么远，他也会向你讨多少脚驴钱，而实在也并不值那么多，然而，他的刁狡，你也许并不觉得刁狡得讨厌，他们也只是有点拙笨罢了。什么又不是拙笨的呢？一个青生铁的洗脸盆，像一口锅，那会是用过几世的了，一把黑泥的宜兴茶壶，尽够一个人喝半天，也许有人会说它非常古雅呢。饭菜呢，只在分量上打算，"总得够吃，千里有缘的，无论如何，总不能亏心哪。"店主人会对每个客人这样说。

在这样地方，你是很少感到寂寞的。因为既已疲劳了，你需要休息，不然，也总有些空闲谈天儿。"四海之内皆兄弟呀"，你会听到有人这样大声笑着喊。"啊，你不是从山北的下洼来的吗？那也就算是邻舍人了。"常听到这样的招呼。从山里来卖山果的，渡了河来卖鱼的，推车的，挑担子的，卖皮鞭的，卖泥人的，"拿破绳子换洋火的"，……也许还有一个老学究先生，现在却做走方郎中了，这些人都会偶然地成为一家子。他们总能说慷慨义气话，总是那样亲切而温厚地相招应，他们都很重视这些机缘，总以为这也有神的意思，说不定是为了什么大患难，或什么大前程，才先有这样的一夕呢。如果是冬天，便会有大方的店主人抱了松枝或干柴来给煨火，这只算主人的款待，并不另取火钱。在和平与温暖中，于是一伙陌路人都来烘火话家常了。

直到现在，虽然交通是比较便利了，但像这样的僻野地方，依然少有人知道所谓报纸新闻之类的东西。但这些地方也并非全无新闻，那就专靠这些挑担推车的人们了。他们走过了多少地方，他们同许多异地人相遇，一到了这样场合，便都争先恐后地倾吐他们所见所闻的一切。某个村子里出了什么人命盗案了，或是某个县城里正在轰传着一件什么阴谋的谣言，以及各地的货物行情等，他们都很熟悉。这类新闻，一经在这小店里谈论之后，一到天明，也就会传遍了全村，也许又有许多街头人在那儿议论纷纭，借题发挥起来呢。说是新闻，其实也并不全新，也许已是多少年前的故事了，传说过多少次，忘了，又提起来了，鬼怪的，狐仙的，吊颈女人的，马贩子的艳遇，尼姑的犯规……都重在这里开演了。有的人又要唱一支山歌，唱一阵南腔北调了。他们有时也谈些国家大事，譬如战争灾异之类，然而这也只是些故事，像讲《封神演义》那样子讲讲罢了。火熄了，店主人早已去了，有些人也已经打了合铺，睡了，也许还有两个人正谈得很密切。譬如有两个比较年轻的人，这时候他们之中的一个也许会告诉，说是因为在故乡曾犯了什么不可饶

恕的大罪过，他逃出来了，逃了这么远，几百里，几千里，而且逃出了这许多年了。"我呢……"另一个也许说，"我是为了要追寻一个逃走了的老婆，为了她，我便作了这小小生意了。"他们也许会谈得很久，谈个整夜，而且竟订下了很好的交情。"鸡声茅店月，人迹板桥霜。"窗上发白，街上已经有人在走动了，水桶的声音，轳辘的声音，仿佛是很远很远，已经又到了赶路的时候了。

呼唤声，呵欠声，马蹄声……这时候忙乱的又是店主人。他又要向每个客人打招呼，问每个客人：盘费可还足吗？不曾丢了什么东西吗？如不是急于赶路，真应当用了早餐再走呢，等等。于是一伙旅人又各自拾起各人的路，各向不同的方向跋涉去了。"几时再见呢？""谁知道？一切都没准儿呢。"有人这样说。也许还有人多谈几句，也许还听到几声叹息，也许说：我们这些浪荡货，一夕相聚又散了，散了，永不再见了，话谈得真投心，真投心呢。

真是的，在这些场合中，纵然一个老江湖，也不能不有些惘然之情吧。更有趣的，在这样野店的土墙上，偶尔你也会读到用小刀或瓦砾写下来的句子，如"某县某村某人在此一宿"之类，有时，也会读到些诗样的韵语，虽然都鄙俚不堪，而这些陌路人在一个偶然的机缘里，陌路相遇又相知，他们一时高兴了，忘情一切了，或是想起一切了，便会毫不计较地把真情流露了出来，于是你更会感到一种特别的人间味。就如古人所歌咏的：

君乘车，我戴笠，

他日相逢下车揖。

君担簦，我跨马，

他日相逢为君下。

这样的歌儿，大概也是在这样的情形下产生的吧。

(一)本篇依据旅行的经验，写关于野店的各方面的情形。

(二)为什么篇中多用"也许"字样？

开放给大众的克里米亚 /邹韬奋

克里米亚是欧洲著名胜地之一,在从前俄帝国时代已是全俄最美丽的区域,所以那时的贵族和富豪便霸占着作为享福的地方。在南方沿海,由他们建筑了不少宏丽的宫邸和别墅,不是勤劳大众所能梦想的。这是距今不远的十八年前的现象。但是在革命之后,那里就成了开放给大众的全苏联的休养胜地。从前为少数人所占有的无数宫邸和别墅,现在都成了勤劳大众的疗养院和休养院了。这是多么痛快的一件事啊!

这半岛上的高山崇岭由西而东,蜿蜒不绝,其特色是大部分的山顶都是平的,最大的有几英里广阔,彼此之间有低平的汽车路连系着。四季气候温暖,经常青翠欲滴,鸟语花香。南方沿海一带,有平均三千尺高的山岭作为屏障,和大陆隔开,阻挡着北方和东北方的冷风和炎暑,只引进南方的温和的清风和舒适的气候,使这地方成为休养身体恢复健康最适宜的区域。据气候专家研究,最合宜于人类身体机能发展的理想的气候是华氏表五十度。身体孱弱或病后身体虚弱的人们,要增强体力,恢复健康,都需要温暖,最忌变化过甚的气候。克里米亚的胜地如雅尔他,每年中的平均气候约在华氏表五十五度,最近于理想的气候。据过去二十年间的观察统计,全年中气候的差异不过2.7℃,所以全年几乎全在春秋两季中过去。太阳的光线对于疗养有很大的效力,而在克里米亚南岸每年可享到二千五百小时的阳光,每天平均有七小时的阳光。因为近着黑海,空气非常清新,海滨的游泳和日光浴更是极便利

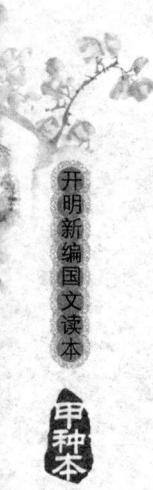

的享受。既有这些宜于健康的优点，又加上青山、丛树、绿茵、鲜花，便成了无双的福地。从前是少数人的福地，现在是大多数人的福地了。在这"福地"，各疗养院可容纳两万人以上；此外还有医院六十所，每所有床位两千左右；诊治院约有百所，又有设备完善规模宏大的肺病研究院一所。每季由各地到此疗养或是例假中到此休养游玩的，至少在二十万人以上。(半岛上的居民约八十万人)

我们往游克里米亚，最重要的目的地是第一美丽的名城雅尔他，便路弯到塞伐斯托普，在那里仅作一日的勾留。我们于十九晨到塞伐斯托普后，即乘车往博物馆参观克里米亚战争油画和战场遗迹。这战争是一八五四年俄皇想瓜分"近东病夫"土耳其所引起的，是历史上帝国主义争夺的一幕名剧。油画的宏大和布置，和我在比利时所见的滑铁卢战争的油画相仿。那时塞伐斯托普被英法联军包围至十一个月之久，据军事家推测，当时所用的军火的总量，如果堆成土墩，可达二百八十尺宽阔，三百三十尺高。殷血盈河，全城为墟，所争的不过是帝国主义所欲得的赃物罢了！

塞伐斯托普在那时是俄国的坚垒，后来在革命时期中，却成了革命运动的一个重要中心。最著名的是一九〇五年黑海舰队的起事，震动全国，虽一时被帝俄政府镇压平息，但实为一九一七年革命的先导，是俄国革命史上最光荣的一页。

下午，我们去参观希腊古城和博物馆，馆中陈列希腊罗马所遗留的古物。希腊在黑海一带的殖民地经营，开始于纪元前的第八世纪末叶，距今近三千年了。这三千年前遗下的所谓希腊城，沿着黑海海滨，仅是东一大堆西一大堆的残垣废址。有几处是由地下发掘出来的，在当时也许是广厅大厦，现在仅是大地窟中的几堵残破的厚壁和崎岖不平的石砌地面罢了。没有改变的，大概只有站在这古城上可以望见的那汹涌怒号的黑海吧。

我们回转时，途中还看了一个著名的地方叫BlalaNava，是在海湾中的一个捕鱼区域。水面平静如镜，两面青山高耸，沿岸有无数讲究的洋房，从前是许多贵族富豪的别墅，现在也成为工人的休养院了。爬到一个山顶危岩上，有个天然的石门，可以遥望海上波涛。但因山路崎岖，虽享到"遥望"的眼福，却爬得一身热汗。据说那里的渔业原来是由少数资本家垄断的，现在也用"集体"的办法经营了。

我们于八月二十日晨，由塞伐斯托普乘汽车，经五十五英里的山路，花了足足四小时，才到达雅尔他。在这长途中，一面是峭壁危岩的高山，一面是深绿无际的黑海，汽车在山岩旁的平坦道上滑过，所见景致绝佳。汽车所经最高处是一个山洞，像一个大石门似的，高出海面约两千尺，叫做"背达门"。一出这个石门之后，路势倏然下降，半岛的南岸几于全部在望，黑海好像全在我们脚下了，景象伟丽，得未曾有。

在途中时，大家挤坐在一起，东张西望，赏心悦目，不觉得疲倦，也许是忘了疲倦。中午到了雅尔他的时候，汽车停下来，才觉得腰酸脚软。但是一下了车，精神又振作起来，空气那么清新，风景那么美丽，阳光那么和煦，竟像到了瑞士，雅尔他在一个山麓上，我们所住的旅馆，后面便是碧绿的山，前面便是碧绿的海(只隔着一条平坦清洁的柏油马路)，我们陶醉在碧绿的环境中了。尤其使我兴奋的是在马路上所见的游泳回来的或是要去游泳的男男女女，有的拿着大毛巾，有的提着一只放衣服或零物的小提箱，都是些粗手粗脚的工人，土头土脑的农夫。这提醒我们，到了开放给勤劳大众的休养胜地了！

(一)游记可以叙写自己所得的印象，也可以细细解释，把所到的地方介绍给读者。这一篇属于后面的一类。

(二)读了"景致绝佳""景象伟丽，得未曾有"这些语句，我们还是不知道那里的风景怎么好法。这是什么缘故？

联合国 /柏 园

第一次世界大战之后，出现了一个保卫世界和平，解决国际纷争的机构；它的名字叫做国际联盟。

到了第二次世界大战爆发的前夜，国际联盟已经奄奄一息，什么事情也不能做，唯一可做的事情，只是躲在风景宜人的日内瓦编编统计数字而已。

第二次战争还没有结束，人们便想到战后应该有一个保卫世界和平的新机构，因为国际联盟已经可以说默默的死去了。

首先，人们反省一下，国际联盟究竟是怎样的失败的呢？主要的一点，就因为国际联盟开头就没有美国和苏联参加，也许有人说，那时苏联还很年轻，它对于世界政治并没有起什么作用。可是后来苏联不是长大了吗？不是对世界政治起了无可否认的作用了么？不是也很乐意的参加了国际联盟么？但苏联到底为西欧一班政客所仇视，便藉口把它赶出了国际联盟的大门。

美国是资本主义的"新大陆"。这个国家对于世界政治的影响是很显然的。但是美国从来就不曾参加国际联盟，这一方面固然是美国自己执行所谓孤立政策的结果，但另一方面显然是以英法为首的西欧列强企图独占国联，利用国联做实行他们的政策的护符的结果。

一个国际机构没有美国和苏联的参与，是一定要失败的。因为这两个是"有力量的"国家，要维持和平是必须靠力量的。

在战争结束前一年多，美、苏、英、中诸国便在顿巴敦橡树园拟定了一个未来的国际机构的大宪章的草案。德国投降后(一九四五年六月)，共同对轴心国家作战的四十九个盟国，在旧金山会议席上正式签订了《联合国宪章》，把未来的国际组织叫做"联合国组织"，简称"联合国"。

《联合国宪章》是不能达到形式上的民主的，具体的说，联合国的最重要的机构是安全理事会，理事有常任理事与非常任理事之分。常任理事五名，由美、苏、英、中、法担任，非常任理事六名，推选其它国家担任。美、苏、英、中、法合称五强，这五强有否决权，任何一强不同意，议案就不能成立。

这样说起来，即是由五强领导联合国，并且以五强协调为基础来维持世界和平。这样做法是不是不民主呢？不是的。和平不能光是一种理想。和平必须有力量做后盾。而在战后的世界，这五强合作起来，人力物力都能负起领导其他弱小国家一同维持世界和平的责任。五强是在领导，而不是在威迫。

五强在获致胜利的途中出力量最多，更能体验战争的痛苦；所以五强的合作，就意味着世界和平已经到来。

联合国组织比旧的国联有什么进步呢？除了五强领导和否决权之外，联合国组织把国际联盟的"全体通过"改为"重大问题要得到三分之二的通过，小问题过半数即可通过"。这就避免了"议而不决"的弊端。联合国组织比国际联盟事权集中，因为"各会员国将维持国际和平及安全的主要责任授予安全理事会"。

联合国组织比国际联盟，还多了一个政治以外的经济社会理事会，它可以促进国际间经济上的合作。

单有一个机构，是不能保障和平的。

但这个机构是爱和平的国家合作的桥梁。

而在今天，合作就等于和平。

(一)各国真心合作，应该将什么作为基础？

(二)为什么单有一个机构不能保障和平？

思想解放/梁启超

要个性发展，必须从思想解放入手。怎样叫思想解放呢？无论什么人向我说什么道理，我总在穷原竟委想过一番，求得个真知灼见。当运用思想的时候，绝不许有丝毫"先入为主"的意见束缚自己。经过思想之后，觉得对，我便信从，觉得不对，我便反抗。

"曾经圣人手，议论安敢到。"这是韩昌黎极无聊的一句话。圣人做学问，便不是如此。孔子教人择善而从，不经一番择，何由知道他是善？只这个择字，便是思想解放的关目。欧洲现代文化，不论物质方面，精神方面，都从"自由批评"产生出来：对于社会上有力量的学说，不管出自何人，或今或古，总许人凭自己见地所及，痛下批评。批评岂必尽当，然而必经过一番审择，才能有这批评，这便开了自己思想解放的路；因这批评，又引起别人的审择，这便开了社会思想解放的路。互相启发，互相纠正，真理自然日明，世运自然日进。倘若拿一个人的思想做金科玉律，范围一世人心，无论那人为今人，为古人，为圣人，无论他的思想怎样好，总之是将别人的创造力抹杀，将社会的进步勒令停止了。试问那人若非经过一番思想，如何能创造出金科玉律来？我们既然敬重那人，要学那人，第一件便须学他用思想的方法。他必是摆脱了古代思想和并时思想的束缚，独立自由研究，才能建立一家的学说；不然，这学说也算不得他的了。既然如此，我们为什么不学他这一点，倒学他的反面？我国千余年来，学术所以衰落，进步所以停顿，都

是为此。

有人说，思想一旦解放，只怕人人变为离经叛道。我说，这个全属杞忧。若使不是经，不是道，离他叛他不是应该吗？若使果是经，果是道，那么，俗语说得好，"真金不怕红炉火"。有某甲的自由批评攻击他，自然有某乙某丙的自由批评拥护他，经过一番刮垢磨光，越发显出他的真价。倘若说某家学说不许批评，倒像是这家学说经不起批评了。所以我奉劝国中的老师宿儒，千万不必因此着急，尽可以让青年纵任他们的思想力，对于中外古今学说随意发生疑问，就是闹得过火，"非尧舜，薄汤武"也不要紧。他们的话若没有价值，自然无伤日月，管他做甚？若认为够得上算人心世道之忧，就请痛驳起来呀！只要彼此应用思辨的公共法则，驳得针锋相对，丝丝入扣，谁是谁非，自然见个分晓。若单靠禁止批评，就算卫道，这是秦始皇"偶语弃市"的故技，有什么用处？还有几句打破后壁的话，待我说来。思想解放，道德条件一定跟着动摇，同时社会上会发现许多罪恶，这是无可逃的。但说这便是人心世道之忧，却不见得。道德条件，本是适应了社会情形建设起来的。社会变迁，旧条件自然不能适用。不能适用的条件自然对于社会上失了拘束力，成了一种僵石似的装饰品。旧条件既然不适用，在新社会组织之下适用的新条件却并未建设起来，道德观念的动摇如何能免？我们主张思想解放，就是受了这动摇的刺激，想披荆斩棘求些新条件，给大家安心立命。他们说解放思想便是破坏道德，道德二字作何解释，且不必辩，就算把思想完全封锁起来，试问他们所谓道德是否就人人奉行？旧道德早已成了"僵石"，新道德又不许商榷，这才真是破坏道德哩。至于罪恶的发现，却有两种原因：第一是不受思想解放影响的。因为旧道德本已失了权威，不再能拘束社会，所以恶人横行无忌。你看武人、政客、土匪、流氓，做了几多罪恶，难道是新思想提倡出来的吗？第二是受思想解放影响的。因为提倡解放思想的人自然爱说抉破藩篱的话，有时不免说得太过些。那些坏人就断章取义，把他们的话做护身符，公然作起恶来，须知这也不能算思想解放的不好，因为本来是满腔罪恶，从前却隐藏掩饰起来，如今索性尽情暴露，落得个与众共弃，还不是于社会有益吗？所以思想解放只有好处，并无坏处。我苦口谆劝那些关心人心世道的大君子，不要反抗这个潮流吧。

(一)读过这一篇的，最需要问问自己：自己的思想能够解放了没有？

(二)读这一篇的应该考察：主张思想解放的是什么样的人？反对思想解放的是什么样的人？

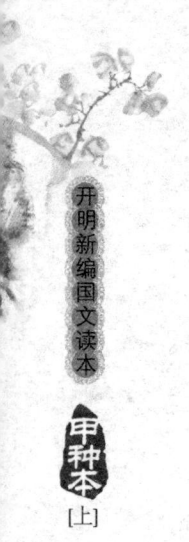

四个"有所" /朱 逊

有所爱，有所恶，有所为，有所不为。

四个"有所"联成一串儿。

兼爱是个理想。在还有善恶正邪的差别的时代，不能不"偏爱"那些善的正的。同时就得恶那些恶的邪的。若不恶那些恶的邪的，就是并没有爱那些善的正的。若是一边儿恶得不强烈，也就是另一边儿爱得不深切。爱了恶了，只是意向方面的事儿，若不发而为行为，与没有这些个意向并无两样。所以要有所为。为，就是把爱的意向恶的意向发而为种种行为，在种种行为上表现出来。行为方面干得愈积极愈有劲儿，就是爱的意向愈深切，恶的意向愈强烈，而且，这才不枉有了这些个意向，是真正有了这些个意向。同时，凡是与这些个意向违反的事儿自然不愿干，不屑干。当前是些所爱的人，却去欺侮他们，给他们吃些苦头，肯吗？明明是件所恶的勾当，却昧良违心的干去，肯吗？这就是有所不为。

所以说四个"有所"联成一串儿。

行为决定于意向，意向，就是爱与恶，要求其得当，先得辨别善恶正邪，没有错失。怎么才能没有错失呢？就人来说，无论善恶正邪，大家喜欢自居于善的正的一边。譬如当今时代，革命算是善的正的事情了，不像前清末年那样算是反叛，要杀头，就谁都喜欢自居于革命的一边。跟大家不大合意的时候，不免想骂几句，就说人家不革命，或者反革命。这当儿，到底谁革命，谁不革命，不是好像很难辨别吗？这不过好像很难而已，实际上并不难。所谓革命，无非要摧毁那些束缚人压迫人的制度，箝制那些欺侮人剥削人的人，使大家得以在自由平等的新天地中做人，过日子。这个说法假如没有错儿，那么，无论谁，他口头嚷着革命没有用，他到底革不革命还得看他的行为下判断。如果他干的是摧毁箝制一方面的事儿，同时对于建设自由平等的新天地尽一份力，他就是革命的。如果他袖起手来，既不干摧毁箝制这方面的事儿，也不在建设那方面尽什么力，他就是不革命的。如果他非但不摧毁，还要拥护那些束缚人压迫人的制度，非但不箝制，还要亲自当个欺侮人剥削人的人，他就是反革命的。这不是很容易辨别吗？以上就辨别人的善恶正邪而言。对于一切事物，也如此。

我们是人，辨别一切事物的善恶正邪，与辨别人的善恶正邪一样，也以人为根据。肠子里帮助消化的细菌是好的，病菌是不好的。足以发电的瀑布激流是好的，洪水险滩是不好的。帮助他人成功立业是好的，帮助他人为非作歹是不好的。说一句算一句是好的，信口开河，说谎欺人是不好的。诸如此类，无非就对于人的利害而言。

我们人又必须合群，离开了群就无所谓人生。所以利害不能单就个人看，要就许多许多人合成的群看，欺人、说谎、贪赃、枉法、囤积、高利贷、仗势霸占，把人当牛马，专制，独裁，诸如此类，对于干这些事儿的人是有利的，但是对于其他的人，或少或多，或小或大，总之是有害的。因此之故，这些事儿都是不好的，应该归到恶的邪的一边儿去。交通发达，世界各地的距离越来越近，各地人物质上与精神上的联系越来越密切，这时候，群的范围不限于一个民族，一个国家，全世界的人就是一个大群。就对于大群的利害看，毫无疑义，侵略主义与法西斯主义应该归到恶的邪的一边儿去，即使由日本人或德国人说起来，也应该把它归到恶的邪的一边儿去。自然，这不过举例而言。

有利于群,是好的,有害于群,是不好的,这个话虽嫌平凡而且抽象,却极扼要。据以辨别一切事物的善恶正邪,也就虽不中不远矣。

辨别既明,意向,就是爱与恶,自不致不得其当。意向得其当,发而为行为,自不致有多大错儿。

于是,有所爱,有所恶,有所为,有所不为。

(一)"若不恶那些恶的邪的,就是并没有爱那些善的正的",为什么?

(二)"若不发而为行为,与没有这些个意向并无两样",为什么?

(三)有利于群,有害于群,作为辨别善恶正邪的标准。这个说法你能够同意吗?

好望号 /海哲曼斯 著 袁俊 译

(张奶奶上气不接下气地破门而入)

张　有消息？有我儿子的消息？天啦!天啦!包老板，可怜可怜我吧。

包　张奶奶，这是老天爷作对。……

(孟小妹追踪而至)

妹　不是真的，不是真的，你撒谎，这不是真的!

包　(温和地)白门湾的查港的有电报给水警局长……李安平的尸首被冲上了岸……你知道这是什么意思……还有一块"好望号"的船板。

张　(狂呼)天哪，连我这个孩子也要抢去呀!这个孩子还不到十二岁，(哀号)呵，呵，小五儿呀!

妹　(痛极而狂)那么，那么……(狂笑)哈哈哈，哈哈……

包　(向他的女儿包淑贞)快给她一碗水喝。

妹　(打落包淑贞手上的茶杯)去，去!(跪在地上双手攀住栏杆)杀了我吧!把我杀了吧……我求求你们……呵……呵……

贞　小妹……别这么哭……你起来……

张　他才头一趟出海……开船的时候他一点不怕，摆着小手……(痛哭)

包　这是天命，张奶奶，没法子的事。这么大的风几年来没有过。你想想阿亨有四个孩子，还有包阿金，白阿四……虽然不能叫你不难过……我可以把你儿子的工钱照付给你……你今天要也行…现在你先回去，休息休息，(指小妹)把她一路带回家……她不能自己走。

妹　我不回家……我不想活了……我不想活了……不想活了。

贞　哭哭也好，小妹，你就痛痛快快哭一场吧。

(包淑贞扶小妹下，张亦下)

包　(气愤愤的踱来踱去，向着他的书记甘文华)你发的什么傻？你连事都懒得做了？不，我不要听你回嘴。抚恤金的账簿子在手头没有？快，快……

甘　(一步一步拖到保险柜前)保险柜锁着呢。(包把钥匙掷给他)谢谢!(拿出账簿又挨回桌前)

包　(翻账)九十五个寡妇……十四个养老的……

甘　对了，我们的钱早就不够了，早该发个启事募捐了。

包太太　(慌慌张张地上)阿顺!这真是飞来横祸!镇长太太问你能不能进去和她谈谈，她坐在那儿直哭。

包　我不去，这儿哭的就够瞧的了，我也没有工夫。

包太太　唉，唉!甘文华，这是捐启的底稿，快点去印好。

包　哦，你跟镇长太太说说，替这些受难家属募一笔救济金。

包太太　好吧，不过两份募捐的事搅在一起，这怕太过分了吧？

包　那么让我来吧。(二人自左下)

(包淑贞自右上)

贞　(低低地哭着)甘文华，甘文华，我难过极了!(走到桌旁坐下)我心都碎了!

甘　那才是毫无道理。天天有失事的船，一条"好望号"算什么。我给你看……哪儿去了……哪儿去了……十二月份的报告。一个月里……就在一个月里……坏了五十五条帆船，十五条汽船，这还算是出事少的……才淹死七十五个人。(指窗外的海)嗯，你要看它今天这个样子，平平静静的，海鸥飞着……你绝不相信它淹死过那么多人……

(他们谈着的时候郭和珠儿上,垂头丧气地坐在栏杆外的长凳上)

贞　进来,珠儿,进来。(珠摇头)

郭　(抖抖地)我们才从她家来……夏奶奶去说……我说的果然不错……果然不错。

(包老板自住宅内出来)

包　进来,珠儿……坐下,(他推了一把椅子放在炉前)老郭你站在外边……我想你们已经听说了? 珠　是的,安平的事听说了……可是万全……常有时候他们在海上漂……

包　不,这个我不敢信……已经这些天……那个尸首漂上岸之前早就烂了……

珠　(着急)是的,可是也许不是安平,谁说是安平的?

包　"顺利号"的老大马绥和认出的……认出他的手表。

珠　马绥和? 马绥和? 也许他弄错了呢,手表多得很。包老板,我哀求你要点钱,我好亲自上白门湾去一趟。

包　唉,别胡闹!

珠　(哭)可是安平总要有人去葬……

包　白门湾地方上会料理这些事。

(老孟喝得半醉,蹒跚而入)

孟　我……我刚听说了……听说了……

(摇摇摆摆逼近包老板)

包　(吓得后退)滚出去,你这醉鬼!

孟　(结结巴巴)我……我不杀你……我,我没有什么坏心……

包　(慌乱)去叫巡警去,甘文华……这个醉鬼……

孟　(扶住栏杆)不……别动。我自己会走……我……我走……只要说一句话……你干得好哇……"好望号"这回事你干得好哇!

包　你给我滚!

孟　(踉踉跄跄几乎跌倒)你不要走近我……你可别靠近我，我身上有刀子!我，我不杀你，我只要说一句话：我当初告诉过你……当初船还在坞里的时候。

包　胡说，你这个醉鬼!

孟　(比较平静一点)你……你就算问得玩；你问问，问问你的书记……问问你的女儿，他们都在场的。

包　(厉声)放屁!你不配问我，我跟你的老板说话，找不到你。甘文华，听见没有? 去叫巡警。

孟　(摇摇晃晃)我的老板……他……他不动手修船(向正走向栏杆的甘文华)我是不是警告过他的? 你是不是在场? 你说!

甘　(着急地看着包)没有，我没在……就是在场，我也没听见。

包　(向包淑贞)你呢? 这个醉鬼有没有……

贞　(几如中痫)爸爸!

包　(威吓地)你是我的女儿……(阴沉沉地)你说!

贞　(心乱，低声)我不记得……

孟　这才是不要脸……不要脸……这才他妈的不要脸!我说过那条船烂了……烂透了。

包　你喝醉了胡放屁!你想把我的女儿跟我的书记牵在里面，现在你听见了吧。

郭　(抖抖地)对了……我……我也想起来了!

包　做梦，难道你也早警告我了。

郭　不，我没有。我不能说谎，可是你的女儿……你的女儿，她刚才说她没有听见老孟说船是烂的……可是刮风的第二天晚上，就是她跟我坐在李奶奶家里……那时候她说……她说……

贞　(她的声音发抖)我说了吗?

郭　(怒)是的，你说了。就是那天晚上……我还说……我说的是

"你别胡说，'好望号'要是烂了，你爸爸不会……"

贞　我——我……

珠　(情不可遏，一跃而起，咬牙切齿地)你……你撒谎!你那时候就哭起来了!你怕船要出事!我看见的，张奶奶看见的，夏奶奶也看见的，你们这些毒蛇!你们这些毒蛇!

包　(以拳击桌)什么？什么？你这个忘恩负义的东西，你忘了这些年是谁养活你们!你糊涂到不信我反倒信这个站都站不住的醉鬼!·

珠　(狂怒)信你？你？你撒谎!她也撒谎!

包　滚出去!

珠　(管不住自己)你叫水警把小安子拖了上船……他知道船坏了不肯去!万全不肯服气说他胆小……你，你这个凶手，凶手!(狂笑)不，你用不着指着门……我们就走了，我要再不走，我要唾你一脸……我要唾你一脸……

郭　(拉住她)珠儿，珠儿!

包　(静场片刻)看你姑妈的面子，我当你这些是糊了心说出来的……要不然……要不然……(坚定地)"好望号"没有毛病，一点没有毛病，(略顿)虽然船保了险，我也损失很大一笔钱。就是这个混虫真的跟我说了，我一个做生意的人能够听这个醉鬼的话？他喝得连家伙都抓不稳，叫工头给赶了!

孟　(讷讷)我……我……我……我告诉了你……告诉了他……告诉了她……那是口大棺材。

珠　呵呵，万全，安平，还有小陈，还有别的多少人!(倒在椅子上啜泣)呵；老天爷，你怎么就忍心……忍心……(哭了一会向老板)你给钱给我上白门湾，我就没有话说。

包　没有，一个铜板也没有，哼，这么不知上下地乱骂我……

珠　(完全疲弱了)我刚才不知道嘴里说的什么话……我，我想不到

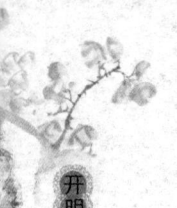

你，你比蛇还毒！

包　水警局长说用不着派人去白门湾。

珠　(跌跌倒倒向门去)用不着，用不着，呵呵，我现在怎么办呢？(郭和孟跟了她下去)

(包老板来回地大踱步，甘文华爬上他的高凳子埋头账册中)

包　(忽然停步，向包淑贞)你以后再敢到我公事房来……

贞　不，我再也不来了。(静场片刻)爸爸，我不知道我以后怎么还能看得起你？我怎么还能看得起我自己？(自左下)

(一)这里选的虽然只是全剧末了一幕的一部分，但是整个故事已经可以看出。"好望号"是一条烂透了的海船，在海上出事了。船在保险公司保了险，实际上包老板并没有损失。一些水手是连逼带骗上船去的，现在丧了命，他们是真的损失了。这种事情并不为奇，只要听甘文华说的"一个月里坏了五十五条帆船，十五条汽船……淹死七十五个人。"只要看抚恤金的账簿子上有"九十五个寡妇，十四个养老的"。就可以知道。抚恤金是捐来的，受难家属临时救济金也是。抚恤救济不是根本办法，可是船老板和镇长太太等人就不爱想根本办法。

(二)读这剧本，须揣摩各人当时的心情。譬如，包老板说某一句话，他是什么样的心情？珠儿说某一句话，她是什么样的心情？匆匆读下去是不会辨出什么意味的。

好望号(续) /海哲曼斯 著
袁俊 译

包　再要有人来，打发他们走……胡说八道，摆在一起也配不上我一根手指头!那个狗养的醉鬼，混身都是酒臭气，(计瞎子的二弦子的声音)还有这个……也要来!(在窗口)滚滚!一个钱没有!(二弦声停)气死我了，(他倒在一张椅子上……想了一会，拿起电话)喂，给我接德和，德和保险公司……喂，你是德和吗?哪一位?哦，"好望号"全完了，冲上岸一块我们船上的船板，还有一个水手的尸首。(争执的口吻)你这是什么话?当然完了，这还要问?已经出去了六十五天……出事是准的了，(和缓下来)好的，我在公司里等你……可是越快越好，对了，一万四千元。再见。(挂上耳机)

(在包说最后几句话时，李奶奶上，茫茫的惶惶的神情，坐在条凳上低低哭泣)

李　我……我——

包　(没有看见她，看保险柜)你动保险单的夹子来着?混账!什么都要弄乱!

甘　(坐在椅上指)那夹子在上一层……股票匣子后面。

包　(猞猞然)少开口!(捧了夹子回来看见了李奶奶)你怎么不打门?

李　(忍耐地)我想跟您……

包　(不快地)你来晚了五分钟，你那个外甥女在我这儿瞎吵，我差点儿电话叫巡警!(粗暴地)那么进来吧，把栅栏关起来。

李　是真的吗？真的是……镇长家里说,(包默默地点了点头)呵,呵!

(她两眼向前茫然瞪着……两臂无力地垂着)

包　你,你,我很可怜。我一向知道你是个规矩人……你的丈夫当初也很老实……可是你的孩子们……这话在你出了这事之后很难说,但是你的儿子跟你那个外甥女都不成东西。(李奶奶的头更向下低垂了)你想想,你替我做了这些年的工；……你的儿子万全举手要打我,差不多把我从你家里轰出来……还有你那个小儿子……(吓得住了口)李奶奶,李奶奶!(跳起)甘文华,快拿冷水来(拿水泼在她脸上额上)糟糕,真糟糕!

甘　我去叫太太或小姐来吧？

包　不,别去,她醒过来了。

(李奶奶呆呆地两眼什么也不见地坐了半天,又无声的啜泣起来)

甘　李奶奶……

李　(凄惨地抽噎着说)他本来不肯去!他本来不肯去!我亲自把他的手从门框上扒开……

包　你用不着埋怨自己。

李　(绝望地)他临走之前,我把他爸爸的手表替他戴上……把他打扮起来去送死……

包　得了,李奶奶……

李　还有我的三儿子……我没有……没有去看他开船!"你要来晚了,就再看我不见了"……他临走说的……再看不见……再看不见了!

包　别这么胡想吧,我的天,别这么胡想。

李　十二年前,"淑贞号"那天……我也是这样坐在这儿……

(她用两只战战抖抖的老手捧着头哭)

包　(努力遏住自己的感情)不要这样,李奶奶,咬着点儿牙!

(包太太匆匆自左上)

包太太　阿顺!我——哎哟,李奶奶可怜可怜!我真替你难过……这太惨了……你两个儿子都……

李　(茫然地直视)四个儿子,一个丈夫!

包太太　(安慰她)不过你现在不必发愁,我们已经在募捐……镇长太太跟我已经写了启事,明天就登报。甘文华!拿去,(包老板做手势要李奶奶走)让她等一下,阿顺。厨房有半碗剩下的菜……给她拿去吃吧……我们,我们往事不提了,你以后还是替我洗洗衣服打打杂。我们不会忘了你的,李奶奶……你听见吗？回去吧,不要难过了……

(包太太自左下)

包　是的,我们不会忘了你的。

李　(茫然的声调)我以后就看这个孩子了……

包　孩子？

李　珠儿的孩子……是的,这种倒楣事也来了,她跟我儿子有了孕,(惨淡的微笑)不,这不是倒楣的事……

包　什么？你让你家里出这种不规矩的事？你还敢若无其事地在那儿说!你知道不知道领抚恤金有规矩……凡是有不道德的行为或是我们认为人品不正的都不能拿这个钱？

李　(木然地)那只好听先生们替我决定吧……听先生们……

包　会里要出麻烦的……基金会的委员们……好吧,我总尽力而为……你可以相信我,可是我不能担保……又有七家人十六个孤儿要这笔钱呢。(站起来关好保险柜)你在这儿等一会儿……我太太有东西给你带回去。(自左下)

包太太　(在内)甘文华,甘文华!

(甘站起,自左下,随即又端了一只盖着的碗上)

甘　(好意地)你吃完了把碗送回来,还叫你星期六来擦地板。

(李茫然地张着眼……他把碗放在她膝上,拉着她的两只无力的

手捧住碗,一步步挨回办公桌。李奶奶一动不动地张着眼睛,坐了一会……嘴唇不出声地动着——最后她站起来,摇摇摆摆走出了门。在寂静中听见她的脚步声渐渐远去)

(一)李奶奶一点没有愤激的表示,只是茫然瞪视,只是低低啜泣。这一半由于她的性格,一半也由于她的惨伤太厉害了。

(二)包太太给李奶奶半碗剩下的菜,又说"你以后还是替我洗洗衣服打打杂",这自然是安慰李奶奶的意思。读到这儿,你有些什么感想?